U0955505

从理论和德国实践经验证明部分汇率干预、

资本账户部分管制和货币政策不完全独立的政策组合仍能实现对经济的有效调整。

【经济学学术前沿书系】

德国三元悖论政策组合效果研究及启示

魏　曼◎著

经济日报出版社

图书在版编目（CIP）数据

德国三元悖论政策组合效果研究及启示 / 魏曼著
. -- 北京 ：经济日报出版社，2017. 4
ISBN 978-7-5196-0117-1

Ⅰ. ①德… Ⅱ. ①魏… Ⅲ. ①货币政策-研究-德国
Ⅳ. ①F825. 160

中国版本图书馆 CIP 数据核字（2017）第 068144 号

德国三元悖论政策组合效果研究及启示

作　　者	魏　曼
责任编辑	王曼珩
校　　对	徐建华
出版发行	经济日报出版社
地　　址	北京市西城区白纸坊东街 2 号（邮政编码：100054）
电　　话	010-63567683（编辑部）
	010-63588446　63567692（发行部）
网　　址	www. edpbook. com. cn
E - mail	edpbook@ 126. com
经　　销	全国新华书店
印　　刷	北京建宏印刷有限公司
开　　本	710×1000 毫米　1/16
印　　张	10. 75
字　　数	178 千字
版　　次	2017 年 4 月第一版
印　　次	2017 年 4 月第一次印刷
书　　号	ISBN 978-7-5196-0117-1
定　　价	42. 00 元

版权所有　盗版必究　印装有误　负责调换

序　言

在一国经济的转轨和发展中，基于“三元悖论”的取中间状态的政策组合理论能否在实践中走出一条相对较优的路子，以确保经济在转轨中的稳定发展，这是本人在中国金融开放实践中经常考虑的问题：即当面临一种基于具体的经济实践而抽象出的简洁、抽象的理论并反过来指导实践时，如何回归“具体”？何为“具体”？从抽象到一定时空下的具体时，又需添加思考哪些具体的环境因素，使“具体”的实践中不失理论“精髓”之指导？

正是基于这一思考与态度，又巧遇我在北京师范大学当兼职教授时学校分配我指导魏曼攻读博士学位的任务。攻研一下德国在“三元悖论”理论指导下政策组合中的经验和理论启发，自然成为我建议魏曼博士论文选题的考虑。因为在中国金融开放中，国内研究英美经验的文献有无数，研究失败国家的教训特别是日本教训的文献也有无数，但对在金融开放转轨中较为成功的德国经验特别是“三元悖论”下取中间状态政策组合的经验文献，少得可怜，可以说几乎找不到。

当然，在国内研究德国金融而可供参考文献极其少的情况下，让一位博士生独研其题，有些难为她了。没有压力就难以成就。现呈现给读者的这本基于博士论文基础上的实证小册子，就是基于德国 20 世纪最后约 30 年的经济史，论证了德国当时部分的资本管制、货币政策失去部分的独立和部分的汇率干预这样一种对“三元悖论”来说的中间状态的政策组合，与支持了德国经济制度的顺利转轨和总体经济稳定发展的这段经济史。

无独有偶。当前的中国金融开放也正处于“三元悖论”的理论影响下。尽管西有德国经验，东有日本教训，但是中国当下毕竟不同于德国和日本。作为 2016 年对全球经济增长贡献率高达 30%以上、连续九年对世界经济增长贡献率保持第一的第二大经济体，在经济运行机制上却未完全融入当今国际金融运行的趋势性制度，即人民币汇率未实现基本的市场浮动，资本管制未完全放开，人民币的国际地位仍较靠后。这一切，往往与历史上世界曾经的第二大经济体所具的特征相去甚远，这些也正是中国金融改革的未竟事业。

在汇率、资本管理制度上完全融入当今国际金融主运行机制，这是中国经济真正崛起和伟大复兴的重要标志。然而，资本项下的完全放开，取决于汇率制度的基本市场化，而汇率的进一步市场化改革又取决于国内对国企、财税、土地制度等改革，取决于2008年美国危机后“美国得病、中国吃药”中曾经过度“吃药”（货币发行过多）遗留问题的消化与解决，资产泡沫的消除。这一切进程，决定了人民币国际化能走多快，能走多远。说到底，中国的金融改革与开放从根本上说，不取决于自身，而是取决于产生于此、服务于此的实体经济改革进程。有些人关于“通过加快金融改革倒逼其他经济改革”一说，初听起来似乎有一定道理，但在实践中往往是行不通的，有时往往产生多种险象。中国的实践不断证明，没有社会、其他经济制度的相应改革与约束，到头来只能引致金融秩序的混乱，“亡羊补牢”事件屡犯。2015-2016年部分的金融无序创新带来的损失不可视而不见。2016年政府部门进一步强化货币管制措施的出台，若有积极意义，也只能从“退一步进两步”的意义上解释。

进一步说，“三元悖论”理论揭示的是一国金融开放中三项制度变量选择的关系。金融开放须服从于金融稳定，从而才能确保一国经济的稳定。从探究一国金融稳定的因素而言，在多变量、多因素中，适度适时的金融开放只是其中因素之一，仅关注“三元悖论”所涉及的制度变量是远远不够的。因为除此之外的一国微观金融行为、金融监管（应包括近几年强调的宏观审慎管理），同样共同决定了一国金融体系的稳定运行。而且，这样一个体系一定是一个动态的、不断演化的系统。当需分析处于国际主导货币国家和非国际主导货币国家金融体系时，其运行特质又是不一样的（见本人著：《中国金融战略：2020》一书第二章）。

因此，在转轨国家中欲思考、实践“三元悖论”理论，非“三元”的因素，即金融微观机制、实体经济中企业机制等制度变量因素和当时所处时代国际主导货币国家的发展阶段，即其处于经济周期中的上升繁荣或下降衰退阶段的汇率、贸易等因素变化，同样是绝不能忽视的。这恰恰是研究国际上不同转轨国家在实施“三元悖论”抽象理论中选择中间状态政策组合时所需密切关注的。

魏曼此书重点分析证明了“三元悖论”下选择中间状态政策组合时较为成功的德国案例，尽管书中尚有一些可商榷和不足之处，但对中国改革有重大的启发。且现今由国内作者写的此类书少而又少，故本人很愿意向读者推荐并写以上文字为序。

夏斌

2017年3月7日

前言

一

本书最初的写作念头源于2010年我敬爱的导师夏斌的一次讲座。

当时我刚刚考上北京师范大学世界经济专业的博士，北师大邀请国务院参事夏斌老师作为客座教授讲述中国的金融发展战略问题。彼时中国积累了巨额的外汇储备，这成为欧美发达国家要求人民币升值的借口。作为一个经济大国，既想融入世界经济体系来占领更大的市场，又要避免世界经济波动对国内经济的影响，面对现实世界纷繁复杂的经济现象，中国是应该加快对外开放的进程，还是关闭大门避免世界金融危机的波及？出口导向型国家如何化解升值的压力和对国内货币政策的干扰？这是当时摆在中国面前的难题，也是夏老师持续思考的问题。但是无论是研究中国金融的发展战略，还是探讨中国金融与世界的融合，都离不开理论的指导。夏老师在那次讲座中强调，解决一个国家内外均衡问题，三元悖论是非常简洁的理论框架。一国只能在固定汇率制度、资本自由流动和货币政策独立性中做出三选二的选择。一国可以通过资本管制实现在固定汇率制度下货币政策不受干扰；也可以在资本自由流动的条件下保持货币政策自主性，但前提是实行浮动汇率制度；还可以在资本流动的前提下维持汇率稳定，但必须放弃利率对产出和物价的调整。中国当时资本账户尚未完全开放，汇率制度在朝着增加汇率浮动弹性的方向努力，就货币政策而言，经济学界的共识是作为一个出口规模居全球第一，且GDP增速远远超出世界平均水平的新兴经济体大国，货币政策必须保持独立。在这样的背景下，资本账户开放、浮动汇率制度和独立的货币政策是中国战略发展的方向。

对一个发展中的、不成熟的同时又对世界产生重大影响的经济体来说，这样的政策组合该如何实现？一般人们的思维方式是：关于借鉴成熟发达国家的经验，主要是英美日模式。夏老师提到，借鉴发达国家的经验，如英、美、日几国，已经有了大量的研究。但是在20世纪50年代和日本同时受到战争重创，并在30多年内迅速发展的德国，即使受到广场协议、两德合并的影响，仍然保持了稳定增长的势头。可是作为成功范本的德国，其经验国内鲜有研究。夏老师在讲座中提出，如果能在三元悖论框架下研究德国经济发展的过程，将对中国的转型有重要的借鉴意义。

那次讲座结束后，我便开始着手搜集德国战后到两德合并前的资料，发现德国在这段时期经历了从固定汇率制度向浮动汇率制度转变，资本账户逐渐开放的过程，同时德国的经济保持了稳定增长，并顺利实现了两德合并。然而同一时期的日本却因为广场协议的影响出现了“失去的十年”。德国是如何达到如此骄人的成绩引起了我的研究兴趣，我当时就想把这个作为博士论文题目来进行。在和第二导师北京师范大学贺力平教授进行了详细的探讨后，贺老师也认为该研究非常有意义，于是这就成了我博士论文的主要研究内容。

但是研究的过程是漫长而艰辛的，我从2010年开始搜集资料，由于国内研究甚少，我找到的资料都是英文的文献，这增加了阅读的难度并降低了写作的速度。孩子当时才两岁，同时自己还有本职工作，经常是过节期间我想努力多写一点，却因为免疫力低下不得不到医院输液。但是我并没有放弃，历时4年，终于完成了博士论文的写作，于2014年顺利毕业。

2016年我的工作单位北京经济管理职业学院推出了资助教师出版专著的项目，我以博士论文为选题进行了专著申请。通过答辩，我申请到了该项目的资助资金。同时非常感谢经济日报出版社的肖小琴主任，感谢她的热心帮助，今天这本书终于要出版了。尽管时间有些滞后，在写博士论文时中国面临的是巨额的外汇储备带来的升值压力，如今变成了人民币贬值伴随资本外流。但三元悖论是一个动态变化的过程，中间状态的政策组合走向角点状态会有各种情况发生，不同类型的国家在转化过程中的教训和经验是什么？中间状态是否就不能实现内外均衡，经济稳定增长？如果能实现，配套的政策和具体执行中应该注意什么？从德国的实践中汲取经验，有助于修正和补充三元悖论分析框架，拓展其解释范围。在三元悖论框架的基础上，对德国的实践加以总结，可以得出更具一般性的理论推断，这对中国在中间状态下优化政策选择不乏启示意义。

二

本书一共分八章。

本书按照“提出问题—理论构建—经验验证—因素分析—归纳总结”的研究思路展开。第一章阐述对三元悖论中间状态政策效果进行扩展研究的理论与现实意义。第二章对已有的与三元悖论及德国宏观政策组合有关的文献进行梳理，明确本书可能做出增量贡献的方向。第三章对三元悖论中间状态做出理论界定，并结合德国当时的情况确定德国处于中间状态的具体政策组合。第四章以蒙代尔-弗莱明模型（M-F 模型）为基础讨论德国三元悖论中间状态下货币政策的效果。第五章用计量方法验证中间状态时期德国货币政策的有效性。第六章和第七章对该时期德国货币政策有效性的原因做出解释，分别分析了汇率政策与资本流动管制政策及其有效搭配，在保证货币政策有效性时所扮演的角色。同期日本面临类似的汇率升值压力，但应对政策的差异产生了明显不同的效果，对比鲜明，颇具典型性，因此在第六章采取了德日对比的方法。第七章则用计量检验的方法解释资本流出的原因并验证德国货币政策冲销的有效性。第八章对德国经验进行归纳，指出其一般性的政策含义，并结合中国情况，提出了相关建议。

三

在本书的写作过程中，我深深地感谢我的两位恩师。没有夏老师对三元悖论的深度思考，我不可能涉及德国问题；没有夏老师对中国经济的深刻理解，我的研究必定漏洞百出。虽然由于夏老师工作的关系，我能和老师面谈的机会不多，但是老师总是抽空对我的论文进行指导，而在我生病时老师的关心和体谅也让我深深地感动。

在本书的写作过程中，我和贺老师进行了数次讨论，我深刻体会到贺老师思维和学术作风的严谨。我本来是一个不够细致的人，但是在和贺老师的讨论中让我养成了一个好习惯，那就是要做充分的准备，细节上也绝对不能含糊。这个习惯对我最后成稿起到了很大的帮助，我不像很多同学最后手忙脚乱地在那里整理图形，修改参考文献……因为在写作的过程中我就按贺老师的要求规范自己，所以最后反而轻松。在将博士论文作为专著修改的过程中，贺老师又针对中国目前的新形势提出了指导建议，再次感谢贺老师对我的培养！

研究中一个巨大的障碍来自于数据的缺失，我这里非常感谢我的研究生同学，社科院世经所的冯维江，感谢他无私地为我一次次查找相关数据，从未有半点不耐烦，并在我的写作中给我提供很多中肯、有建设性的意见，感谢他这位良师益友。

由于基础薄弱，不会的知识点就很多，从图表制作到计量方法，我问遍了所有可能懂行的人。感谢我的师弟刘骞文、师妹杨盼盼、喻画恒、郭芮言、陈岚、李琳等，他们一次又一次耐心地解答我琐碎的问题，在请教的过程中，我不仅学到了知识，也收获了友情。

对我的家人，我怀有愧疚。为了专心写作，我把一岁的孩子送到父母身边，让父母和保姆带了一年。一年后由于父母身体问题，我把孩子接回北京，但是这两年里我们唯一的一次家庭出游就是带孩子去了一趟动物园。我感谢父母对我学业的无私支持，感谢爱人对我的理解，他们把家务都揽下来，让我专心投入写作。对孩子我心怀愧疚，我忙碌于自己的学业，却错失了陪伴她成长的时光。所幸本书就要出版，我要在将来的日子里更多地补偿自己的亲人，感谢他们为我做的一切！

最后感谢北京经济管理职业学院李多全老师的推荐，帮我联系了经济日报出版社主任肖小琴老师，在她的帮助下，我顺利完成了本书的出版。

再次深深感谢每一个帮助和关心我的人！

目　录

第一章　导　论

1.1 研究背景

三元悖论是一个需要丰富充实的理论。该理论指出一个经济体无法同时实现固定汇率制、资本自由流动和货币政策的独立性三大政策目标，最多只能同时实现其中两个。这为一国货币当局提供了宏观经济政策组合选择的直观框架，因其表述的简洁性和逻辑的严密性，往往被作为决定一国汇率制度或资本账户开放与否的标准。

但是三元悖论强调资本的完全流动、严格的汇率固定和绝对的货币政策独立，研究的是角点状态的政策选择问题，没有对中间状态的政策组合的存在做出一个合理的解释。而"拥有一半的汇率稳定性和一半的货币政策独立性"（Frankle，1999）不仅存在理论上的可能，更是现实经济的真实写照。当今世界经济中，中间汇率制度仍然是世界货币体系的主要形式；尽管全球化的进程在加快，仍有包括中国在内的很多国家对资本完全开放持谨慎态度；且实证研究表明，除了极少数发达国家享有货币政策独立性，大多数国家面临独立性缺失的问题（Frankel，2004；Obstfeld，2005，Hélène Rey，2013）。因此必须进一步丰富三元悖论理论，研究中间状态下如何实现有效的经济调节，才能为政策组合选择提供更切实际的理论依据。

从现实的角度来看，中国的现状也需要对三元悖论中间状态进行研究。中国目前实行的市场供求为基础，有管理的浮动汇率制度①，属于中间汇率制度的范

---

① 中国人民银行．中国人民银行公告〔2014〕第5号［EB/OL］（2014-3-15）［2014-3-22］http：//www.pbc.gov.cn/publish/goutongjiaoliu/524/2014/20140315174346779226550/20140315174346779226550_.html

畴。根据国际货币基金组织 2011 年《汇兑安排与汇兑限制年报》的标准，目前中国的资本账户下可兑换项目为 14 项，其余部分为部分兑换项目（22 项）和不可兑换项目（4 项），中国的资本尚未实现完全的自由流动。中国的货币政策尽管保持了较高的独立性（范从来，2008；杨艳林，2012），但由于中国巨额的外汇储备导致外汇占款的增加，中国的货币政策独立性受到了影响（何慧刚，2007；胡再勇，2011）。可以看出，用三元悖论角点解的框架分析中国的现状并不适用。

中间状态的政策组合由于缺少理论指导，其组合效果因外界环境和自身发展显示出不确定性。中国在 2012 年之前持续了长达 13 年的双顺差局面，积累了巨额的外汇储备，彼时中国面临的是如何避免人民币升值，并减少国际收支失衡对货币政策的影响。但国内经济下行和美国强势美元政策的推行，人民币开始出现贬值，且在 2015 年伴随汇改出现了贬值加速的现象。目前中国面临的是如何抑制人民币快速贬值和防止资本外逃的难题。在三元悖论中间状态向角点状态过渡的过程中，中国要解决的仍然是协调汇率制度安排、资本开放程度和货币政策独立性之间的关系的难题。如何在三元悖论中间状态的政策组合下，降低被动式外汇干预对实现国内政策目标的干扰，保持货币政策的有效性，对此中国尚处于摸索阶段。

其他国家在三元悖论中间状态下如何实现经济良好运行的经验将为中国提供有益借鉴。布雷顿森林体系解体后，德国开始实行浮动汇率制度，但迫于美国的压力德国中央银行不得不对汇率进行干预（广场协议）；德国的资本账户虽然保持较高的开放度，但是在 20 世纪七八十年代却屡次调整资本管制措施；德国的货币政策也在一定程度上受到美国的影响，此阶段德国并非三元悖论角点解的政策组合。

德国在 20 世纪 80 年代也积累了巨额的经常项目顺差，这给德国马克带来了升值压力，国际上将经常账户余额控制在 GDP 的 4%以内视为实现国际收支平衡的重要指标。1986 年，德国经常项目余额占当年 GDP 比重为 4. 18%，1989 年达到 4. 64%（见图 1-1）。德国马克升值压力也与之俱升。更严重的是，除了来自经常项目顺差的市场压力之外，美国还试图通过“广场协议”等国际政策协调的方式来推动马克升值，强行纠正国际收支失衡。

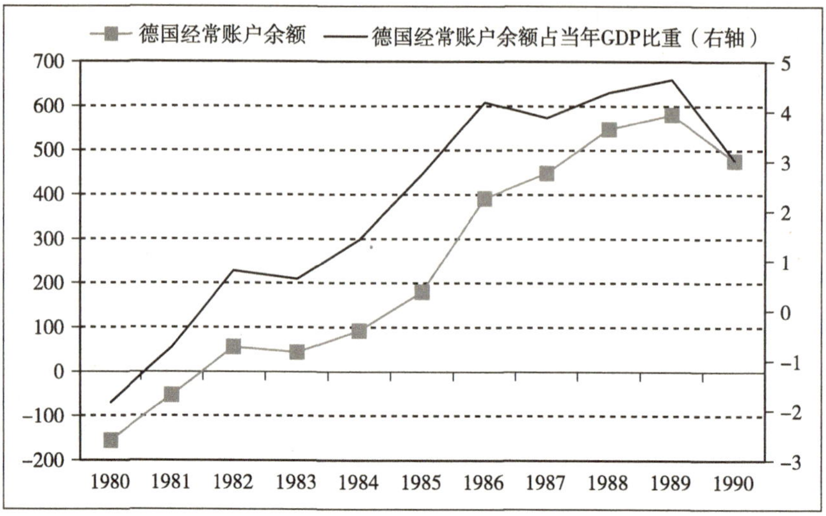

图 1-1　德国经常账户与经常账户余额占当年 GDP 比重

数据来源：国际货币基金组织 IFS 数据库。

数据说明：经常账户余额占当年 GDP 比重数据为作者测算。

值得研究的是，尽管遭受了广场协议、两德合并等重大外生冲击，但德国都较好地化解了外部压力对国内的负面影响，成功地实现了经济社会的稳定发展，具体体现在以下三个方面：

第一，稳定的通货膨胀率。

《德意志联邦银行法》中明确规定德国中央银行的首要目标是维护价格稳定。德国中央银行积极有效的政策措施也确实实现了这一目标，从而为德国经济的稳定发展奠定了基础。表 1-1 显示了西方六国各时期的通胀率水平。1971-1998 年德国年均通胀率为 3.5，与日本持平，但远远低于其他工业国家。英国、法国、意大利与德国同处于欧洲大陆，但是通胀水平分别是德国的 2.4 倍、1.7 倍和 2.97 倍。此外，表 1-1 中的标准差显示，就通胀率变动的稳定性来说，德国也明显优于其他国家。

表 1-1　1971-1998 年西方六国平均通胀率

各个时期	法国	德国	日本	英国	美国	意大利
1971-1980	9.6	5.1	7.9	14.1	6.99	14.9
	(2.4)	(1.6)	(5.2)	(5.9)	(1.9)	(5.1)
1981-1990	6.3	2.8	1.5	6.8	4.2	10.7
	(3.7)	(1.1)	(0.98)	(2.6)	(2.1)	(4.8)

续表

各个时期	法国	德国	日本	英国	美国	意大利
1991-1998	1.5	2.3	0.5	2.9	2.1	4.3
	(0.6)	(1.8)	(1.1)	(1.8)	(0.6)	(1.6)
1971-1998	6.1	3.5	3.5	8.3	4.6	10.4
	(4.2)	(1.9)	(4.6)	(6.1)	(2.6)	(5.9)

注：德国 1990 年之前为联邦德国。括号内均为标准差。

数据来源：World Bank 数据库，结果经作者计算得出。

第二，稳定的经济增长水平

一般认为扩张的货币政策可以降低实际利率，从而达到刺激经济增长的目的。但是对比西方六国在 1971-1998 年人均 GDP 增长率的平均值，可以发现，低通胀率的德国经济增长水平高于高通胀率的法国、英国、美国。值得研究的是日本，20 世纪 70 年代以后日本和德国都对美国形成了巨额贸易顺差，1985 年广场协议迫使日元、马克升值。但是两国采取的不同政策措施对两国的经济发展产生了不同影响：1971-1990 年日本的人均 GDP 增长率平均值都高于德国，20 世纪 90 年代以后，尽管两德的统一拉低了德国的经济增长率，但是对比同期明显下降的日本，德国的经济仍然保持了稳定的增长。同样，标准差显示的数值也说明德国经济增长率变动也处于非常稳定的水平。如表 1-2。

表 1-2　1971-1998 年西方六国人均 GDP 增长率：平均增长率

各个时期	法国	德国	日本	英国	美国	意大利
1971-1979	3.3	3.1	3.5	2.3	2.6	3.4
	(2.1)	(1.8)	(3.1)	(2.5)	(2.4)	(2.9)
1980-1989	1.7	1.9	3.7	2.3	2.1	2.5
	(1.2)	(1.2)	(1.6)	(2.4)	(2.6)	(1.3)
1990-1998	1.3	1.7	1.4	1.8	1.8	1.4
	(1.2)	(1.8)	(2.1)	(2.4)	(1.5)	(1.1)
1971-1998	2.1	2.2	2.9	2.1	2.1	2.4
	(1.7)	(1.7)	(2.5)	(2.3)	(2.2)	(2.0)

注：德国 1990 年之前为联邦德国。括号内均为标准差。

数据来源：World Bank 数据库，结果经作者计算得出。

第三，稳定的低失业率

对比西方六国 1984-1998 年的失业率可以看出，与同处于欧洲大陆的英国、法国、意大利相比，德国的失业率远远低于这些国家。德国与美国相比，除了1998年两国失业率相差无几，其他15年平均比美国低2.7个百分点。尽管德国的失业率略高于日本，考虑到日本与其他国家关于失业率统计方法上的不同①及日本的终身雇佣制度导致的低失业率（浅子和美②，1998；宁坚，2012③），德国在就业问题上也体现出稳定的高就业水平。如表1-3。

表1-3　1984-1998年西方六国平均失业率

各个时期	法国	德国	日本	英国	美国	意大利
1984-1990	10.0	2.9	2.5	9.7	6.3	10.3
	(0.5)	(0.4)	(0.3)	(2.1)	(0.9)	(0.7)
1991-1998	11.5	3.9	3.0	8.5	6.0	11.1
	(1.3)	(0.7)	(0.7)	(1.4)	(1.0)	(1.1)
1984-1998	10.8	3.4	2.8	9.0	6.1	10.7
	(1.2)	(0.7)	(0.6)	(1.8)	(1.0)	(1.0)

注：德国1990年之前为联邦德国。括号内为标准差。

数据来源：World Bank数据库，结果经作者计算得出。

观察布雷顿森林体系解体后西方六国的经济指标可以发现，德国无论是在通胀率、人均GDP增长率还是失业率方面，都显示出较他国变动更加稳定的特点。特别是布雷顿森林体系解体后到两德合并前，德国和日本面对同样的外界压力，最后的发展却大相径庭。日本在20世纪90年代资产泡沫破灭，出现了“失去的十年”；德国即使受到两德合并的影响，仍然保持了经济增长的良好势头。在布雷顿森林体系解体后到两德合并前这段时期里，德国是如何化解巨额经常项目顺差的压力，实现在汇率被动波动，资本账户不完全开放条件下保证经济的稳定增长？德国的汇率是如何变化，资本流动又对货币政策产生了什么样的影响？在当前的贸易、金融全球化的背景下，对三元悖论理论进行扩展，以德国成功经验加以验证，探寻德国在开放条件下应对外部冲击实现平稳发展的原因，对于中国进一步的政策选择有积极的借鉴意义。

---

① 日本的失业者是“完全失业者”和“完全失业率”。例如，登记求职并在等待就业的人在日本的统计中就为就业者，而美国则为失业者；美国短期解雇的对象都被统计为失业者，而日本则没有这种统计。出自《朝日新闻》1995年11月1日经济版编委中川隆生的文章：“促进雇佣多样化是当务之急”。

② 浅子和美. 日本经济［M］. 东京：有斐阁，1998.

③ 宁坚：日本低失业率形成原因及其对中国的启示. 云南师范大学学报，2012（7）：107-113.

1.2 研究思路及主要内容

本书的研究思路如下：由于三元悖论只强调角点解，要分析中间状态下的政策效果，首先需界定中间状态的类型，并建立相应的衡量标准，判定德国处于三元悖论中间状态时期的政策组合情况。以此政策组合为基础建立修正的蒙代尔-弗莱明（M-F）模型，探讨中间状态下货币政策的效果，并结合德国具体国情讨论汇率被动波动与国际收支失衡对货币政策的影响。理论上得出的结论是：汇率平稳升值、减小国际收支余额的规模和实施有效的冲销可以保证中间状态的货币政策有效。通过计量方法检验得出德国中间状态时期货币政策有效。进一步解释中间状态下汇率与资本流动的特殊组合保证了货币政策的有效性：尽管德国汇率被动波动，但是借助欧洲货币体系集体的力量，德国马克平稳升值，降低了对产出的消极影响；资本管制等因素导致资本流出缓解了巨额经常项目余额的压力，有效的冲销保证了货币政策对价格和产出的控制。本书的逻辑结构如下图：

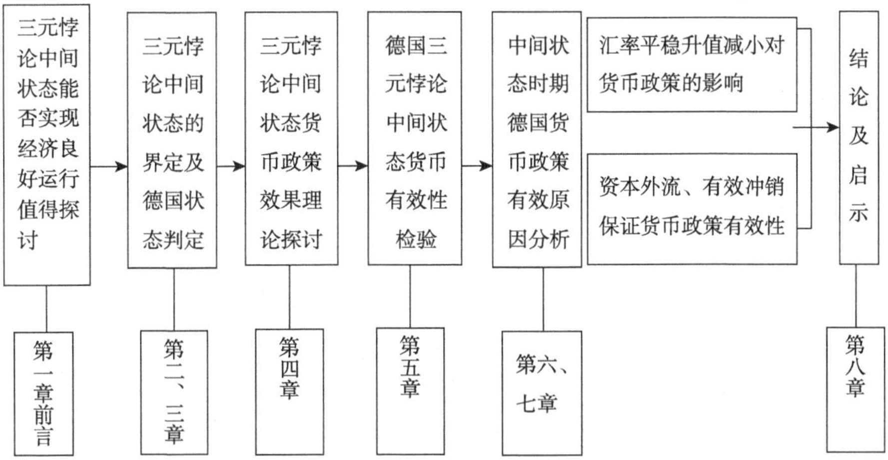

图 1-2 论文逻辑结构图

论文共分为六个部分，共八章。

第一部分为前言，提出三元悖论理论忽略了中间状态，无法指导中国目前的经济决策。中国的发展可以借鉴德国成功经验。

第二部分为第二、三章，首先从理论上确定三元悖论中间状态的不同组合，再结合汇率制度、资本账户开放度、货币政策独立性三个政策目标的判定方法，确定布雷顿森林体系解体后到两德合并前（1974-1990年）德国处于三元悖论中间状态。①

第三部分为第四章，从理论上讨论三元悖论中间状态下货币政策的效果，并结合德国具体国情讨论巨额经常项目顺差引发的汇率被动波动、国际收支失衡对货币政策效果的影响。

第四部分为第五章，在介绍中间状态时期德国经济情况后，通过VEC模型检验三元悖论中间状态时期德国货币政策有效性。②

第五部分为第六、七章，结合第四章理论分析的结果，对该时期德国货币政策有效性的原因做出解释，分别分析了汇率政策与资本流动性管制政策及其有效搭配，在保证货币政策有效性时所扮演的角色。同期日本面临类似的汇率升值压力，但应对政策的差异产生了明显不同的效果，对比鲜明，颇具典型性，因此在第六章采取了德日对比的方法。第七章则用计量检验的方法解释资本流出的原因并验证德国货币政策冲销的有效性。

第六部分为第八章，总结前几章分析的内容，得出研究结论，并针对中国情况提出相关建议。

1.3 研究方法

理论研究上以M-F模型为基本理论，在不同资本流动问题上以利率平价理论为基础，在货币冲销问题上围绕货币数量论展开理论模型。

研究工具是时间序列数据的经验分析，采用多种计量模型和工具对不同问题进行实证检验。具体来说，本书的主要研究方法有：

1. 比较分析法。这种分析既有横向比较也有纵向比较。纵向比较主要是德国历史的比较，时间跨度达到50年，数据从1948年布雷顿森林体系解体后到1999年欧元发行前，用以检验在这么长的时间序列的不同时段（1948-1973，1974-1990，1991-1999）三元悖论原则是否都成立。横向比较则是对同一时期（三元悖论中间状态）德国与日本在汇率波动、货币政策效果和资本流动情况的

---

① 第三章部分内容已作为博士论文阶段性内容发表在《北京工商大学学报（社会科学版）》2013年第1期。

② 此部分已作为博士论文阶段性成果发表在《金融理论与实践》2012年第9期、《北京工商大学学报（社会科学版）》2013年第1期。

比较。

2. 史料分析法。二战后德国的经济表现为世界所称道，但是关于如何在三元悖论框架下德国政策选择及效果的文献却很少，特别是中文文献几乎没有。在参阅了大量外文文献的基础上，结合德国的历史资料，分析德国政策选择以及不同经济变化的原因，再结合实证分析，得到确实可信的结论。

3. 计量模型分析法。本书针对不同问题建立合适的计量模型。如对德国短期资本流动因素的研究通过脉冲响应和 VAR 模型及方差分解方法，针对德国货币政策独立性建立了误差修正模型，对德国中央银行的冲销效果建立了货币冲销缓解通货膨胀压力的理论模型，并利用德国 1974–1998 年的年度数据进行实证。实证分析都是在理论分析的基础上，基于史料分析的结果，纵深开展实证研究。本书还综合运用了描述分析、图表分析、定量分析和计量分析等分析工具。

1.4 创新与不足

本书的创新有以下几点：

第一，理论上的创新。三元悖论强调角点解，但现实中有众多实行中间汇率制度、资本不完全流动和失去货币政策部分独立性的经济体存在。这些中间状态的政策组合效果如何，目前相关文献较少，且多侧重于实证研究，缺乏理论探讨。本书通过对三元悖论中间状态下货币政策效果的探讨，并以德国的事实加以验证，对三元悖论进行了修正和拓展。

第二，研究内容的创新。布雷顿森林体系解体后，德国经济出现高速增长，即使受到广场协议、两德合并的影响，德国经济仍然实现了稳定增长的势头。德国的成功经验值得中国借鉴。但是国内关于德国经济研究的文献较少，尤其缺乏以三元悖论为框架系统研究德国问题的文献。

第三，研究方法的创新。本书采用史料分析和实证研究相结合的方法，通过史料分析得出相关结论，再用实证方法进行检验。研究德国货币冲销效果时，本书建立了以货币数量论为基础的模型，这是德国冲销问题研究的创新。

本书的不足之处产生于：首先，可获得的德国资料和数据有限。目前关于德国 20 世纪 70 年代到两德合并前经济研究的资料仍然相当少，且获得数据的途径非常受限制。如本书第 7 章德国外汇冲销研究涉及的德国再回购协议、公开市场操作规模等数据，无法从公开的数据库中得到。通过给德国中央银行写的几封邮件，最终获得了德国 1974–1998 年所有年份的德国中央银行年报，本书第 7 章才获得可信的研究结论。但关于德国资本流动、汇率干预等方面的数据仍然非常欠缺，因此进一步深入研究存在困难。

其次，三元悖论是一个涉及汇率、资本流动、货币政策的宏观理论，要想深刻透彻地解释三者之间搭配效果，还需要对三元悖论中间状态的理论分析进一步深入，将资本流动、汇率变动和货币政策调整有机地结合起来。这需要对相关理论进一步地深入学习和探索。

第二章　三元悖论内容及发展

本书的逻辑安排是三元悖论中间解理论的提出——德国实际情况的验证——德国相关问题的解释。因此，文献综述也按此逻辑顺序对三元悖论研究现状、三元悖论三个政策目标度量方法和三元悖论框架下德国相关实践问题进行梳理。

2.1 关于三元悖论的探讨

2.1.1 三元悖论由来及基本含义

三元悖论的思想萌芽于英国经济学家米德（1951）的“米德冲突”。米德认为在资本账户开放时一国会出现内外均衡目标的冲突。他指出在保证包括货币政策在内的支出增减政策有效的情况下，资本自由流动使该国无法维持固定汇率制，随后提出的三元悖论传承了这一思想。

蒙代尔（1963）和弗莱明（1962）对开放经济下的IS-LM模型进行了扩展，也就是后来的Mundell-Fleming模型，被后人称为是固定汇率制下使用货币政策的经典分析。该模型指出在资本完全放开的条件下，固定汇率制度下的货币政策无法影响与改变一国的产出，浮动汇率制下却可以实现货币政策对产出的有效调节。归结起来，该模型意味着在资本完全流动的条件下，固定汇率制度和货币政策的有效性不可兼得这样命题。Mundell-Fleming模型为后来“永恒的三角”的提出奠定了重要的理论基础。

克鲁格曼（Krugman，1999）在东南亚金融风暴后明确提出了三元悖论的原则。后来，克鲁格曼对三元悖论原则进行了论述，使得该原则被越来越多的人所认同。克鲁格曼指出：一国货币政策的独立性，固定汇率体制，资本的自由流动不能同时实现，至多只能同时满足两个目标，另外一个目标则不得不放弃。这被认为是三元悖论的基本内涵。

2.1.2 三元悖论是否成立的讨论

三元悖论为开放经济条件下的一国政府提供了简单明了的政策选择框架，但是该框架在现实中是否成立却引起了众多学者的争议。

Andrew K. Rose（1994）研究了1967-1992年21个国家的相关情况，首次对三元悖论在现实中是否存在进行了实证检验。Andrew的研究结果表明，汇率波动与货币独立性和资本开放程度之间并没有明显的联系，且没有证据表明固定汇率，独立货币政策和完全资本流动三者之间的不相容性。孙华好（2004）经过理论分析指出只要实行资本自由流动，就可能造成货币政策独立性的缺失的两难困境。Hélène Rey（2013）通过检验风险资产价格与资本流动的关系也证明只要资本流动，该国就会面临货币政策独立性缺失。Obstfeld、Taylor和Shambaugh（2005）的研究跨越的时期更长，从1870年至2000年。他们根据事实判定的方法定义汇率制度，用回归分析计算基准利率与各国短期市场的名义利率的相关性，来测算该国货币政策的独立性。其研究结果表明，三元悖论不是对每个时期的每个国家都成立。金本位时期下资本完全开放，根据三元悖论原则，固定汇率制的国家不会有独立的货币政策，但是检验结果表明奥地利、西班牙、葡萄牙和印度这些国家表现出货币政策的独立性。他们认为从历史的角度来看，三元悖论并不是绝对存在。周晴（2007）通过比较分析法，研究了56个国家的样本数据，时间跨越130多年。经实证检验得出在金本位制度下三元悖论不成立的结论。但其对布雷顿森林体系下的检验又表明：资本管制和固定汇率制度下，一国的货币政策自主性明显增强。张燕生、贺力平（2011）认为无论从理论上还是现实中，打破“不可能三角”都已经可能。由此可见，大多数学者的研究表明，三元悖论并非绝对存在成立，而中间状态的存在是造成三元悖论有争议的原因。

2.1.3 关于三元悖论中间状态的理论探讨

三元悖论强调角点解之间的不相容，即资本的完全流动、汇率完全固定和货币政策独立。但事实上中间汇率制度仍然是国际货币体系中重要的汇率制度形式。三元悖论只能反映三个目标的绝对状态，忽略了中间状态存在的可能。Frankel（1999）明确提出，一国政策的选择可以在三元悖论三个目标中选择中间状态，如实现部分的汇率稳定和部分的货币政策独立性。他进一步强调没有任何一种机制对所有国家或者对某国在任何时候都是正确的。角点解对于一些大国可能是最优的，但是对很多国家而言，中间解要优于角点解。

有些学者虽然承认三元悖论存在中间状态，但关于其是否是稳定状态存在争议。Summers（2000）认为随着一个经济体逐渐融入国际市场，角点汇率制度要比中间汇率制度更合适。Fischer（2001）也认为在过去的10年中汇率制度分布存在着中间汇率制度空洞化趋势，这种趋势尤其会在发展中国家中持续下去。易纲，汤弦（2001）认为在全球经济一体化的背景下，角点汇率制度将是唯一的稳定解。但也有学者对此持相反的看法，Masson（2000）的研究否定了“中间空洞论”的假说，中间汇率制度仍然是未来各国汇率选择。沈国兵等（2001）从概念、样本检验和理论上否定了中间汇率消失的假说。何青、李凌波、杨晓光（2003）对三元悖论理论模型在三维空间上进行了新的扩展。同时构造了一个新的损失函数来重新度量政府最小化制度选择的成本，以求更准确地反映政府的行为原则。模型分析发现：中间汇率制度有可能是最优汇率制度。刘兴华（2003）、李成等（2012）也认为三元悖论存在最优的中间解。

关于三元悖论的中间状态是否是稳定的，目前学者们也没有统一的结论，而三元悖论中间状态又大量存在，其政策组合的效果就显得非常重要。

2.1.4 关于三元悖论政策组合效果的探讨

关于三元悖论中间状态的探讨目前多集中在以政府损失成本函数为基础的研究上，其研究方法是对三元悖论进行拓展，建立政府的目标函数与模型，将政府最小损失成本作为政策选择的依据。但是政府损失只能作为政策选择优劣的一个标准，且现实中很难找到实证的方法，因此有学者尝试用实证方法检验三元悖论不同政策组合对经济的影响，以此来作为政策选择的依据。孙华妤（2007）通过检验中国盯住汇率制度下的货币政策独立性和有效性，认为传统盯住汇率制度对中国货币政策自主性产生系统性制约作用的假说不成立。Joshua Aizenman、Menzie D. Chinn、Hiro Ito（2008）对发展中国家的三元悖论政策组合研究表明，汇率稳定暗示着产出的波动性，同时汇率越稳定，通胀率波动越剧烈。Hutchison等（2010）研究了印度的政策目标组合及对该国宏观经济影响，得出了与Aizenman等类似的结论。杨艳林（2012）研究了中国的政策目标组合情况，并分析了该组合对产出波动、物价的影响，结论是较高的货币政策独立性，较高的资本开放度可降低产出波动性。货币政策独立性将降低物价波动性，金融开放则会加剧物价波动性。

然而，关于三元悖论政策组合效果的研究数量明显不足，并且已有研究的重点也主要是在实证检验上，很少从理论上阐明这种组合出现对应效果的原因。将理论研究和实证研究相结合来研究德国三元悖论政策组合的效果，不仅可进一步丰富三元悖论理论，也为政策选择提供了可信的证明。

2.2 三元悖论三个政策目标度量的研究

从理论和实证角度对三元悖论中间状态展开研究，这需要对三元悖论三个政策目标进行度量，进而确定特定的政策组合是否属于三元悖论的中间状态。

2.2.1 汇率制度弹性的度量

汇率制度弹性的衡量主要有两种度量方法，一种是基于各国所公开宣称的法定（de jure）上的分类，一种是基于事实上（de facto）的分类。

法定分类主要是指 IMF 完全依据一国当局宣布的政策、制度对汇率制度进行归类，这是一种名义分类法。IMF 每年都要编制《汇率安排和外汇管制年报》，该报告的一项主要内容就是汇总各成员国所宣称的汇率制度。法定分类法依赖各成员国宣称的汇率制度，而在实际中往往出现实际做法与官方宣称不符的情况，大量事实证明，硬浮动和软盯住是普遍存在的现象。

法定分类法的缺陷催生了实际分类法。实际分类法通过对汇率制度运行中可观察变量及相关信息的评估，特别是汇率实际行为的评估来归类。根据实际分类法的程序和技术，可以分为三类：第一类是在 IMF 分类法的基础上，借助定性分析和较为简单的数量指标对 IMF 的分类方法加以修正，代表人物有 Ghosh、Gulde、Ostry、Wolf（1997，2002），又称为 GGOW、GGW 分类，这种方法是以官方汇率为基础，其优点是将汇率制度与各国宏观经济表现相结合，缺点是法定汇率制度的准确性受到质疑。GGW 分类的基础是依据各国官方法定汇率，通过一个衡量实际汇率波动的综合指标 z-score（$Z=\sqrt{\mu^2+\sigma^2}$）来确定一国汇率制度，其中μ表示一年里名义汇率月度变化百分比的算术平均值，而σ表示汇率月度变化的标准方差。通过计算出 Z 值，可将样本国家的汇率制度分为三类：盯住、中间和浮动。其后又有学者针对 GGW 方法进行了改进，代表人物是 Joshua Aizenman、MenzieD. Chinn 和 Hiro Ito（2008），其方法是衡量本国货币与基准国货币汇率（基准国为对本国经济影响最大的国家）的波动幅度。第二类是纯粹事实汇率制度分类，这是构建多个数量指标，利用比较复杂的数量分析技术对实际汇率制度进行分类，代表人物是 Levy -Yeyati 和 Sturzenegger（2003，2005），简称为 LYS 分类，这种分类方法虽然以实际数据为基础，但是也不能客观、准确地反映实际的汇率制度和政策。因为如果一国汇率稳定，该分类方法会将这种制度归类为缺少弹性的汇率制度，但这可能是因为该国经济稳定，没有承受大的冲击，所以单纯以实际数据来衡量汇率制度也会失之偏颇。第三类是将法定和事实分类结合起来，对汇率制度实际运行相关信息进行处理，根据一定程序进行归类。这方面的主要代表是 Reinhart 和 Rogoff（2002），该分类法被称为 RR 分类。相比之下，RR 分类主要依据市场汇率而不是官方汇率，从而克服了法定分类法事实与宣称不符的缺陷，而且将各国汇率与各国汇率制度安排和相关因素结合起来，对多项信息的处理同时借助了定性和定量的分析技术，这又弥补了纯粹事实汇率制度片面的缺陷。

由于以上分类方法各有利弊，都不能全面、准确地界定一个国家的汇率制度，因此在确定德国汇率制度时将依据事实分类的第一和第三种方法，综合官方法定和事实波动两种方法，从而更准确地界定德国的汇率制度。

2.2.2 资本账户开放度的度量

三元悖论原则中强调资本完全流动，因此必须对资本流动情况进行验证。但是关于三元悖论的实证检验往往将资本账户开放程度与资本流动情况挂钩。如 Obstfeld（2005）根据资本管制情况假设资本流动情况：金本位时期为完全开放，布雷顿森林体系下为完全管制，后布雷顿森林体系采用国际货币基金组织判定的标准。Joshua Aizenman、Menzie D. Chinn、Hiro Ito（2008）采用 Financial Openness/Integration（KAOPEN）来表示资本的流动程度，其数据同样来源于国际货币基金组织对于该国资本账户开放程度的判定。之所以会出现这种情况，是因为资本流动程度的主要衡量方法为总量规模法、储蓄-投资相关性检验法和利率平价检验法。而学术界关于资本账户开放度的衡量方法不仅包括以上定量研究，还包括基于法规的定性衡量。因此本书这里也沿用 Obstfeld（2005）、Joshua Aizenman、Menzie D. Chinn、Hiro Ito（2008）的做法，用资本账户开放度来表示资本流动程度。

学界关于资本账户开放的界定有多种定义，如“资本账户开放”（capital account openness)、“资本账户自由化”(capital account liberalization)、“金融开放度”(financial openness)、“金融一体化”(financial integration) 等。不同定义因为强调的重点有所不同，本书认为，资本账户开放的度量强调资本跨国界的自由流动和外汇管制限制的取消。资本账户的开放内容更多地体现在金融账户项下，因此对于金融账户项下的投资流动的检验更能反映一国的开放度。

关于资本开放度的测定方法，目前学术界主要集中在两个方面：一个是根据实际资本流动进行的定量衡量，一个是基于法规的定性衡量。实际数据的定量研究是从经济变量的数值推出限制资本账户交易的量化指标。这样的方法有通过储蓄与投资数据相关度大小来衡量阻碍资本流动程度（Feldstein and Horioka, 1980)，或者通过在岸—离岸利率差及其与利率平价的偏离（Edwards and Khan, 1985; Reisen and Yèches, 1993)。这些方法使用实际数据，效果似乎比采用公布法规定性分析更准确，但是这种定量的研究往往在数据的可获得性上受到限制，因此在操作上存在困难。

本书认为，资本开放度的衡量主要是对资本流动的限制，因此以资本实际流动情况来考察一国资本开放度的方法更具有说服力。衡量方法主要有两种：一是用外国直接投资和证券投资资产和负债总量占 GDP 比重的方法来衡量一国资本账户开放度（Lane and Milesi-Ferretti, 2001)，另一种是计算一国一年资本流入和资本流出总和占 GDP 比重，以此来衡量资本的流动性（Kraay, 1998)。Lane and Milesi-Ferretti 方法能显示出一国资本账户开放的长期趋势，但是不能反映出个别年限资本账户管制的变动情况，相比之下，Kraay 指标更能反映出资本流动的变动情况。Kraay 指标是将证券投资、直接投资的流入和流出绝对值的总和除以当年的 GDP 值，以此来确定一国的资本开放程度。基于资本流动的定量研究虽然可以反映出一国资本流动的变化，却无法反映出一国对于资本账户管制变化的规定。鉴于事实定量分析指标的缺陷，应结合一国法规对资本账户开放度的定性衡量才能得出更准确的结论。

基于法规的定性衡量测量方法包括 IMF 法、OECD 法、QUINN 法、IFC 法等。这些方法的共同之处就是都以 IMF 每年出版的《汇兑安排和汇兑限制年报》为基础，对资本的流入和流出管制强度赋值，由此来比较不同国家资本开放度的大小。

IMF 从 1950 年开始每年公开出版 *Annual Report on Exchange Restrictions*，后改名为 *Annual Report on Exchange Arrangements and Exchange Restrictions*，简称

AREAER。该年报根据是否存在对资本的流出进行管制建立了一个开放/封闭指标。1996 年以前，AREAER 中经常账户交易和资本账户交易支付的限制都采用的是 2 值代码形式。0 代表资本项目或经常项目完全管制，1 代表资本或经常账户完全流动。由于这种方法只能对完全开放国家的资本账户强度提供准确的信息，不能体现出资本账户开放强度的差别，因此 IMF 于 1996 年对 AREAER 的报告版本和测量方法进行了改革。IMF 以分散代码制取代了 2 值代码，并将资本项目交易管制细分为 13 类，并对该国这 13 个项目是否存在管制进行说明，如果这 13 个子项目中存在管制的不超过 5 项，则认为该国基本实现了资本的开放。

1996 年后的 AREAER 指标相对来说更科学更全面，有学者在此基础上构建了新的法规指标，如 Johnston 和 Tamirisa（1998）、Miniane（2004），但是年度信息的局限并不能反映出各国应对时局采取的临时性措施，而且数据也不够全面。相比之下，以法规为基础的定性研究中，Quinn（1997）指标覆盖面最全，研究时间最长。与其他学者在仅根据 AREAER 公布数据进行定性分析不同，Quinn 除了考虑一国对资本管制的安排，还将国际立法公约对一国汇率和资本流动限制考虑在内。

定性研究能反映出一国立法对汇率和资本流动的限制，但是考虑到现实中存在投机资本可以绕过立法规定的可能，仅仅用定性研究法来判定一国资本账户开放情况也是不严密的，因此本书将采用定量研究和定性研究相结合的办法来判定德国的资本账户开放度。

2.2.3 货币政策独立性的度量

货币政策的独立性强调一国中央银行对货币政策目标的控制程度，这种控制基于一定的汇率安排和一定程度的资本账户开放。因为中央银行有多种货币工具，而且货币政策目标也存在多样性特点，所以学术界用不同的指标体系和方法来度量货币政策独立性。Clarida，Gali，Gertler（2000）和 Jansen（2008）等认为货币政策的独立性是“本国货币政策是否以本国的目标变量（如产出和通货膨胀）为目标”，具体方法是建立 VAR 模型，分析国内的货币政策变量能够解释本国的产出和通货膨胀的程度。由于汇率联合干预的存在，一国的货币政策还会受到经济实力和政治实力强大国家的影响，因此本国的产出和通胀也可能受到占支配地位国家货币政策影响，VAR 模型同样需要检验出这种影响的程度，从而来判断一国货币政策的独立性。第二种方法的理论基础是利率平价理论，通过检验本国利率水平随基准国（base country）利率变化而变化的程度来检验货币政策独立性。假设的前提是资本流动性很高，资本能在两国之间完全流动，且利率实现了市场化。具体方法是采用各国利率和基准国利率之间的相关性来判断货币政策的独立性（Frankel，2004；Shambaugh，2004，Obstfeld，2005；Chinn，2008）。第三种方法通过判定一国货币当局对货币供应量的控制程度来判定货币政策的独立性。这方面的研究主要集中在考虑外汇储备的增加是否影响了基础货币的供给量，货币政策独立性的强弱根据外汇占款占基础货币投放的比例来衡量（谢平，张晓朴，2002）。随后学者对货币政策的独立性衡量的方法主要有两种：一是通过格兰杰因果检验法分析货币供给量与外汇储备之间的因果关系，如果存在因果关系则判定货币政策独立性受到了外部冲击（孙华妤，2007），二是对外汇储备和货币数量进行回归分析，看二者之间是否存在相关性（胡再勇，2011）。

这三种方法中，第一种方法中使用的通货膨胀等宏观变量的数据一般只能获得月度数据，产出往往只能获得季度数据，而利率冲击却能在较短时期发挥作用。所以用通胀和产出来衡量货币政策的独立性难以表现货币的传递效应。另外货币政策的变化只是影响产出的一部分原因，但是货币政策的反映函数往往难以把其他同步变动的变量分离出来，这些都会影响检验结果的准确性。因此，本书采用第二种和第三种方法以便更能符合不同汇率制度下货币政策独立性检验的需要。

2.3　三元悖论框架下德国问题研究

以德国经济运行情况来检验三元悖论问题，必须针对德国的汇率波动情况、货币政策效果以及资本流动情况进行系统的研究。

2.3.1　德国货币政策有效性研究

学术界普遍的看法是一个大国应该追求货币政策的独立性，因为独立的货币政策才能有效地调节经济。但这是否符合现实，需要针对德国情况加以检验，并分析其有效调节经济的原因。

目前国外关于货币政策有效性研究主要集中在三个方面：（1）货币政策对真实经济活动是否有影响，也即货币政策是否是中性的，众多学者对货币是否中性展开了广泛的实证研究，研究的重点放在货币政策在调节物价水平和实际产出等众多宏观经济变量的作用效果和作用时滞等方面；（2）货币政策传导机制对货币政策有效性的影响；（3）货币政策框架优化与货币政策有效性的关系，这一视角下展开的研究着重于讨论货币政策中介目标、政策工具、货币政策指示器、最优货币政策规则等的选择与修正。综合来看，大部分学者认为短期内货币政策可以影响产出和物价，在长期内，可以影响物价但不一定影响产出。

关于货币政策有效性的研究方法，主要有两种：一是研究者们早期使用多元线性回归模型来检验货币政策对产出和物价的影响（Friedman andMeiselman，1963；Sims，1972）。Friedman 和 Meiselman（1963）通过模型考察货币政策与财政政策中哪一个对名义产出的影响更大，后续的研究指出了 Friedman 和 Meiselman（1963）模型中存在的一些问题。Modigliani 和 Ando（1976）等认为，货币政策操作中由于内生决定部分和外生决定部分没有进行区分，造成当货币政策完全被内生决定时，货币政策的操作将全用来冲销该国经济所受到的冲击，此时货币政策就会是残差项的简单线性函数，这种检验结果可能会显示货币供给与名义产出之间完全没有相关性；Walsh（2003）认为 Friedman（1963）的模型没有将货币政策引起的名义产出变动分解为实际产出变动和物价变动，但现实货币政策操作对实际产出的作用效果和对物价变动的作用效果更受到关注。后来的学者将研究重心转向货币政策对实际产出的贡献（Sims，1972），其他学者也开始采用多元线性回归的方法对货币政策的有效性问题进行实证检验。Karras（1999）分析了经济开放程度与货币政策有效性的关系，结论是随着一国经济体开放程度的提高，价格层面要比实体经济层面更能反映出该国货币政策操作的效果。

二是使用 VAR 模型、S-VAR 模型及脉冲响应函数来研究货币政策变量（利率、货币供给量等）与经济变量（产出、通胀率、汇率水平等）的联动关系（Kim，2003）。以 S-VAR 模型为基础进行的货币政策有效性的研究存在以下不足：一是一国货币当局实际关注的信息量远大于学术研究所建立的基础模型中包含的信息量，这会造成现实与研究设定模型的偏差；二是理论中的部分经济概念在现实中往往模糊或者无法统一；三是多变量的 VAR 模型只能分析模型中所包含变量的脉冲反应，但是实际中可能需要了解其他变量和货币政策冲击之间的联动关系。

无论是用线性回归还是 VAR 模型来检验一国货币政策的有效性，都是检验货币供给量和利率对产出、通胀率等宏观指标之间的关系，考虑到德国在浮动汇率制度下的现实经济情况，用误差修正模型来检验德国货币供应量和利率与产出、物价之间的关系，更能说明德国货币政策的效果。

2.3.2　德国汇率波动情况研究

浮动汇率制度下德国积累了大量的经常项目顺差，但是德国马克汇率实现了较平稳升值，究其原因，EMS 的联合浮动和干预机制对于德国汇率的稳定起到了积极的作用。相关的研究也证明了这一点。国外前期的研究成果多集中在 EMS 成员国是否因为加入 EMS（欧洲货币体系）减少了本国货币汇率的波动性。Ungerer 等（1983，1987），the European commission（1982）的研究结果都表明，EMS 确实对提高成员国双边汇率的稳定性作用显著，对提高成员国有效汇率效果比较显著。C. Randall Henning（1994）认为由于德国马克已经成为美元的替代品，美元的走弱同时给了德国马克和欧洲其他货币升值的压力。德国马克要维持对法国法郎、意大利里拉等国家的稳定汇率，因此德国马克的升值压力被转嫁给了更多的国家，德国的经济因此受到了保护。Tommaso Padoa Schioppa（1985）通过使用 MAP（mean absolute percent change）、VEER（effective exchange rate）、VE（effective variation）三个指标考察了 1973–1984 年美国、日本、德国、法国、意大利、英国的汇率波动情况，研究结果表明 EMS 成员国的汇率要比加入 EMS 以前更加稳定，且与同一时期的非 EMS 成员国的货币（日元、美元、英镑）相比，EMS 成员国货币更加稳定。因此证实了加入 EMS 增加了成员国货币的稳定性。特别地，作者考察了马克对美元汇率波动与马克对其他 EMS 货币波动的相关系数，发现该系数在 EMS 时期下降，由此得出马克由于加入 EMS，而较少受到美元波动的干扰的结论。Michael J Artis，Mark P Taylor（1988）使用非参数统计方法分析了 1979 年 EMS 成立之前与成立之后，EMS 五国（德国、法国、比利时、意大利、丹麦）与四个非 EMS 国家（美国、日本、加拿大、英国）名义有效汇率情况，发现德国马克和意大利里拉在加入该体系后波动明显减少，美元和英镑的波动性加大。对各国实际有效汇率的分析表明：由于加入了 EMS，所有成员国的实际有效汇率波动性显著减小，美元的实际有效汇率波动性增加不显著，其他货币没有明显变化。

国内的相关研究也肯定了 EMS 对成员国汇率稳定所起的积极作用。李惠民

（1987）从影响汇率的通胀率、利率和经常项目差额占GDP的比重入手，分析了同一时期美元、英镑、日元与EMS各成员国的汇率情况，发现成员国在加入EMS后汇率的稳定性提高了一倍多。美元和英镑仍然不稳定，日元在第二次石油危机时表现得更不稳定。这说明新体系对汇率的稳定效果是十分显著的。张斌、何帆（2004）认为由于欧洲区域内的联合干预机制，德国和欧洲其他国家共同承担了马克升值的压力，这使得德国马克较为稳定。

国内外的相关研究都肯定了EMS对维持成员国特别是德国汇率稳定的积极作用。但以上研究主要集中在数据的分析上，没有从机制上分析EMS对德国马克汇率的稳定作用。这为本书从EMS运行机制上分析对马克的影响作用提供了空间。

2.3.3 德国资本流动相关研究

德国的短期资本大量流出，平衡了大部分的经常项目顺差，因此在20世纪90年代没有像日本一样再次出现升值压力。从麦金农和大野健一（1999）的研究分析得出导致日本资本流动的主要因素是利差，而德国资本流动因素需进一步探讨。

20世纪80年代德国短期资本流出，特别在1989年剧增，Leslie Lipschitz（1989）认为由于80年代EMS大规模的多边干预引起欧洲货币市场上德国马克数量骤减，同时德国经常账户盈余和以马克为计价货币引起对马克需求增加，这些原因共同作用引起了德国短期资本的流出。IMF（1989）的一份报告认为德国对外汇现金的严格管理，导致德国商业银行在规定期限必须把外币“驱逐出境”。以上文献的分析存在一个共同的问题就是缺乏实证检验，这为本书分析德国资本流动因素提供了研究空间。

国内外学者关于影响资本流动因素的理论主要是围绕利率、汇率、资产价格等因素展开。对于资本流动因素的研究最初主要是围绕利率平价理论展开。该理论认为，影响短期资本流动的主要因素是由于利差，资本总是会从利率低的国家流向利率高的国家。Flemming（1962）和Mundell（1963）的研究认为，利率、汇率都是影响资本流动的因素，国际资本在浮动汇率制度下比在固定汇率制度下对利率更加敏感。随后的学者从实证的角度证明了利率是引起国际资本流动的主要因素，Calvo，Leiderman和Reinhart（1993）通过对10个拉美国家月度数据的研究，发现世界利率下降和经济衰退对资本流向新兴国家的贡献率达到50%。利率发挥显著作用的情况还出现在印度（Renu Kohli，2001）和巴西（Agenor，1997）。Fernandez Arias（1996）通过对 13 个国家证券资本流动的季度数据进行分析，发现引起这些国家资本流入剧增的原因的比例中 86%是由于国际市场利率的下降。但是，有些学者认为利率并没有在资本流动中扮演重要角色，国际资本的流动波动并不能用利率变化来解释。Hernandez、Mellado 和 Valdes（2001）的研究表明，实际利率并不是影响资本流动的重要因素，尤其对长期资本的流动影响甚微。

在汇率变动与资本流动之间的相关关系上，有些学者通过实证检验得出资本流动与汇率变动之间存在显著的相关关系（Marcelo Dabos 和 V. Hugo Juan-Ramon，2000；Lipschitz，2002），但该结论并不绝对，Leonardo Hernandez 等人（2001）的研究发现，实际汇率水平上升对于资本流动影响越来越小。Frank S. T. 等人（2001）研究了韩国和台湾地区的短期资本流动和汇率的关系，发现韩国的资本流动与汇率变动存在格兰杰因果关系，但台湾的资本流动却显示出与汇率波动没有因果关系。

Calvo 等人（1996）认为国际资本流动与资产价格有一定关系。在研究亚洲及拉丁美洲的资本流动时，Calvo 发现资本的流入往往伴随着证券和房地产市场的泡沫。

此外，国外的学者还认为国家信用等级（Chuhan，Claessens 和 Mamingi，1993）、经济基本面（Leonardo Hernandez，Pamela Mellado 和 Rodrigo Valdes，2001）、资本管制（Alejandro Lopez-Mejia，1999）都会影响国际资本流动的动向。

国内研究者针对资本流动因素的分析主要在影响汇率因素变量的选择和计量方法的运用上有所不同。张谊浩等（2007）构建了基于利率、汇率和价格的三重套利模型，分析了引起中国短期资本流动的因素。刘力达（2007）构建了直接投资、证券投资、其他投资与利差、GDP 差的回归模型，分别检验利差、GDP 差与这三种资本流动变化之间的相关性。陈学彬等（2007）用协整方程考察了利差、通胀、汇率预期以及中国经济增长和股票市场发展等因素对不同性质资本流动的影响。朱孟楠等（2010）用 VAR 模型分析了短期资本流入、汇率变动和股价、房价之间的相关关系。与国外研究者的研究结果不同，国内研究者的实证研究结果表明，利率、汇率和资产价格是导致国际资本流动的主要因素。但是由于国内研究使用的数据频率、样本时间长短不同以及计量工具选取的不同，这三个主要因素发挥作用的显著性的强弱有所不同。

综上所述，基于利率平价理论所应考虑的利差与汇率几乎被所有的国内外学者采用；表示整体宏观经济状况的GDP、通货膨胀率以及资本市场收益率也被大量学者所采用；但是由于选择变量数量和样本时间长短不同，在确定引起资本流动主导因素上学术界尚未得出统一的结论。相对来说，使用高频数据和较长时间样本，能得出更加客观的结果。

2.3.4 德国中央银行冲销问题研究

货币政策独立性受影响时期的德国不得不大量地在外汇市场进行干预，但是这种外部的操作却没有影响国内经济的发展，一个合理的解释就是德国中央银行的冲销发挥了重要作用。

货币数量论认为，外汇储备的增加会导致基础货币的增长，从而使物价上涨。为维持本币汇率稳定和抑制通货膨胀，货币当局可以通过各种货币冲销手段，吸收因为外汇占款增加投放的基础货币。以货币数量论为理论基础，一些学者对外汇占款增加导致的通胀效应和货币冲销的有效性进行了研究。有学者认为，外汇储备的增加与通胀之间存在正相关关系（Khan，1979）；在汇率机制缺乏弹性的前提下，外汇储备的增加会引起中国货币供给量的大幅增加，从而引发物价的上涨（李扬，1997；方先明等，2006）；长期外汇储备的增长会造成货币供应量的增长，又通过货币的传导效应间接影响消费者价格指数，从而导致通胀（王珍，2006）。

针对外汇储备增加导致的通胀效应，冲销是中央银行的主要对策。德国是一个能较好控制通胀率的国家，关于德国控制通胀效果的研究有很大一部分都集中在德国中央银行的冲销干预上。这样的文献可以分为两类：一是研究在布雷顿森林体系解体后到欧元发行前，德国中央银行是否进行了冲销干预；二是研究德国中央银行的冲销程度。

Obstfeld（1982）研究了1975-1981年间德国的情况，他使用了传统的国内资产平衡模型，经过分析得出了德国此时期确实在外汇市场实施冲销并实现内外目标的均衡。Von Hagen（1989）探索了20世纪80年代汇率政策对德国中央银行控制国内货币的影响。80年代的德国中央银行的货币政策面临着两种束缚：一方面，它在货币政策目标上需要维持它长期以来的低通胀传统，另一方面，它还身兼着对美元和EMS维持稳定的汇率政策。Von Hagen认为当考虑德国马克的汇率政策要同时参照EMS和美元两个市场时，德国中央银行短期在外汇市场上进行了完全的冲销干预，但是，长期内则没有实现完全冲销。Brissimis、Gibon 和 Tsakalotos（2002）建立了抵消系数和冲销系数的联立方程组，对 20 世纪 80 年代德国中央银行的冲销进行了检验，结论是德国中央银行实施了积极的冲销。

在检验冲销程度的文献中，很多研究都基于国内信用政策反应方程：$\triangle DC = \alpha \triangle NFA + BGAP + \gamma \Pi + u$ 其中 DC 是国内信用水平，NFA 是净外汇储备，GAP 是产出缺口，Π是通货膨胀率。冲销水平用系数 α 表示，被称作冲销系数，如果该系数与-1 重合，则该冲销被称为完全冲销（如果该系数介于-1 到 0 之间，则为部分冲销）。Obstfeld 通过研究 1975-1981 年德国数据，发现德国银行完全冲销。Mastropasqua、Micossi 和 Rinaldi（1988）用更近期的 1979-1986 年的数据再次证实了该结论。但是 Neumann（1984），von Hagen（1989），Neumann 和 Von Hagen（1994）的研究表明德国中央银行并没有完全冲销。Gaiotti、Giucca 和 Micossi（1989）通过自己的样本数据的实证研究，发现德国中央银行冲销系数并非一成不变，而是处于波动变化的状态。

尽管 G-7 中的大部分成员宣称他们采取完全的冲销，但是 Dudler（1988）的研究发现德国在某些特定场合并不采取完全的冲销。Gaiotti、Giucca 和 Micossi（1989）研究了 1973-1987 年间德国和日本的政策。他们发现两个国家都倾向用冲销对外汇市场进行干预，并且日本的干预力度大于德国。

由此可见，目前学者关于德国的冲销的研究多集中在德国中央银行的冲销程度上，冲销程度对抑制通胀水平效果的文章则较少，本书以货币数量论为基础，针对德国中央银行冲销外汇占款抑制通胀效应进行研究。

2.4　小结

通过对文献的梳理，可以得到以下一些结论。第一，三元悖论理论在现实中是否成立尚无统一定论，有学者提出了三元悖论中间解的概念，将政府损失成本最小作为政策选择依据，这种方法很难通过实证方法检验；也有学者通过实证方法讨论三元悖论不同政策组合对经济的影响，这种方法又缺乏理论的依据。因此将理论和实证结合起来研究德国三元悖论中间状态的政策效果，既丰富了理论也会得到更加有说服力的证明。第二，关于三元悖论三个政策目标衡量的方法有多种，可将基于法规的定性判定与基于实际数据的定量判定综合起来进行。第三，对德国汇率波动问题的研究可以从 EMS 的运行机制来进行探讨；用误差修正模型研究货币政策有效性能解决多元线性回归模型的内生性问题，还能避免 S-VAR 模型中的偏差问题；以货币数量论为基础研究德国冲销问题能直接看出央行抑制通胀的效果；用计量方法分析德国资本流出因素相对来说能获得更客观的结论。

第三章　三元悖论中间状态的提出及界定

三元悖论只强调角点解，在经验研究中，有众多采用中间汇率制度、资本不完全流动、货币政策独立性部分缺失的经济体的存在。这些介于三元悖论中间状态的政策组合效果如何，需要先对中间状态进行界定。本章首先提出三元悖论中间状态的概念，再对中间状态的政策组合进行界定，最后结合德国的具体情况判定德国三元悖论的政策目标组合。

3.1 三元悖论中间状态概念的提出

三元悖论的思想基础源于蒙代尔。在其著名的《资本流动与固定及浮动汇率下的稳定政策》一文中，蒙代尔分别对固定汇率制和浮动汇率制下货币政策的实施效果进行分析，得出当资本对利率高度敏感时（资本自由流动），浮动汇率制度下货币政策可以影响产出，固定汇率制度下货币政策无法影响产出，央行无法同时维持币值稳定和货币政策的有效性。这被称为著名的“不相容的三位一体（incompatible trinity）”，也是三元悖论原则的理论基础。

在蒙代尔的思想基础上，克鲁格曼（Krugman，1999）对前者进行了拓展，提出了三元悖论的概念。Paul Krugman 在 *O Canada*：*A neglected nation gets its Nobel* 一文中将蒙代尔思想描述为一国只能在固定汇率、资本自由流动和货币政策独立中做三选二的选择。一国可以通过资本管制实现在固定汇率制度下货币政策不受干扰；也可以在资本自由流动的条件下保持货币政策自主性，但前提是实行浮动汇率制度；还可以在资本流动的前提下维持汇率稳定，但是必须放弃用利率调整产出和物价。依据他对固定汇率制度、货币政策独立性和资本自由流动三者关系的描述，我们可以得到图 3-1。

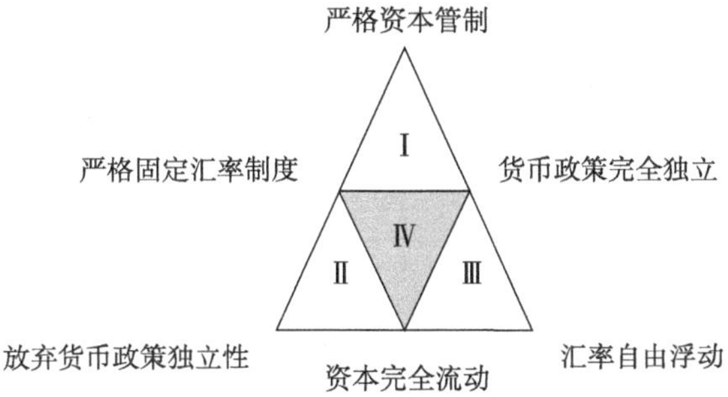

图 3-1　三元悖论的内容

该图形显示了汇率制度、资本流动和货币政策的不同政策组合。图中阴影部分为固定汇率制度、货币政策完全独立和资本完全流动的政策组合，这即为三元悖论中不可实现的三个角点：选择固定汇率制度和资本完全流动，则不可能实现货币政策独立性，在阴影部分中，必须三选二。其他区域为可实现的政策组合：区域Ⅰ为严格的资本管制和严格的固定汇率制度，此时可以实现货币政策的完全独立；区域Ⅱ为严格固定的汇率制度和资本完全流动，此时一国货币当局必须放弃货币政策的独立性；区域 III 下浮动的汇率制度、独立的货币政策和资本的自由流动可以兼容。依据克鲁格曼的观点，一国可以在除 IV 外的其他区域进行政策组合的选择。

三元悖论 IV 部分的三个角点是具有积极意义的宏观政策目标：资本的自由流动使一国融入国际市场，获得资本配置的较高效率；货币政策独立性可以使一国货币当局的货币政策不受外部因素影响，从而可以有效调节物价和产出；汇率稳定有利于国际贸易的顺利进行。三元悖论的理论框架为一国当局提供了政策组合的理论基础，且具有直观的特点，从图 3-1 可以看出，一国政府可以选择除了 IV 以外的其他区域，这为政策选择提供了简单明了的理论依据，至今仍是许多国家和政府制定宏观经济政策组合的基础。

三元悖论强调资本的完全流动、严格的汇率固定和高度的货币政策独立，研究的是角点状态的政策选择问题，却没有对中间状态的政策组合存在做出一个合理的解释。所谓三元悖论的中间状态，描述的是资本流动、货币政策、汇率制度的非角点解状态的各种可能组合。现实中有众多实行中间汇率制度的经济体；尽管全球化的进程在加快，仍有包括中国在内的很多国家对资本完全开放持谨慎态度；且实证研究表明，除了极少数发达国家享有货币政策独立性，大多数国家面临独立性缺失的问题（Frankel，2004；Obstfeld，2005）。对这些国家的政策制定者来说，如何能在中间状态下实现良好的政策效果，才是当前最迫切和现实的问题。为了克服三元悖论的缺陷，我们需要界定中间状态的具体形态，并结合德国具体情况展开研究。

3.2 三元悖论中间状态的界定

界定三元悖论中间状态，需要把“三元冲突”形式化，这里应对三元悖论三个目标量化处理。我们可以做以下假设：

第一，汇率稳定性可以度量，其取值范围为［0，1］。在没有投机资本攻击的假设下，汇率的稳定性主要由汇率制度决定。我们用变量 x 表示汇率稳定性的强弱，当 $x=0$ 时表示汇率完全固定，$x=1$ 则表示汇率完全浮动，考虑到蒙代尔的模型里浮动汇率被定义为政府不予干预，完全浮动，我们这里的 $x=1$ 不仅表示一国政府在汇率制度上的规定，也表示除了自发的买卖，政府完全不予干预。因此如果实行浮动汇率制度的国家在外汇市场上被动干预，则不能认为该国是完全浮动的汇率制度。

第二，货币政策独立性的强弱用变量 y 衡量，其取值范围为［0，1］。当 $y=0$ 时表示货币政策完全独立，$y=1$ 时表示货币政策独立性完全丧失。当其为中间值时表示货币政策具有部分独立性。

第三，资本自由流动程度是外生给定的，其目的是可以将三元悖论问题简化为央行在汇率稳定和货币政策独立性两个目标间的权衡。资本流动程度用变量 z 度量，取值范围同样为［0，1］。当 $z=0$ 时表示资本完全流动；$z=1$ 则表示资本完全不流动。其中间值则表示该国资本不完全自由流动。

第四，关于三元悖论三个要素之间的制约关系，我们根据假设 $x+y+z=1$ 来进行讨论。这是因为根据三元悖论的基本内容，该等式可以将三个要素之间的相关关系数量化。

克鲁格曼的三元悖论指出，除了Ⅳ区域外其他区域都为可实现的政策组合。该理论隐含着货币政策独立性、汇率稳定和资本自由流动程度之间此消彼长的关系：一个政策目标的减弱，意味着其他两个目标的增强（货币政策独立性和汇率稳定的实现，伴随着资本流动性的减弱，如区域I；资本自由流动和汇率稳定的实现，要求必须放弃货币政策独立性，如区域Π；货币政策独立性和资本自由流动的实现，则必须放弃汇率稳定的目标，如区域 III）。$x+y+z=1$ 形象地表明了三个政策目标之间的关系，x 的增大必然导致 $y+z$ 的减小。尽管有学者认为 $x+y+z=1$ 是一个充分非必要条件（何清等，2003），但 $x+y+z\leqslant 1$ 无法反映三元悖论三个目标之间此消彼长的关系，而这种关系在现实中确实存在（Chinn，2008）。因此可依然采用 $x+y+z=1$ 的假设来作为讨论的基础。

如果考虑三元悖论中间状态，则存在更多的政策组合。由于基本假设中资本流动情况是可以外生给定的，可根据资本流动情况界定三元悖论的各种政策组合。

（1）当 $z=0$ 时，即资本完全流动，得到 $x+y=1$。如果 $x=1$，则 $y=0$；若 $x=0$，则 $y=1$；若 $0<x<1$，则 $0<y<1$。这代表三种政策组合：资本自由流动∩浮动汇率∩货币政策独立；资本自由流动∩固定汇率∩货币政策不独立；资本自由流动∩汇率有限浮动∩货币政策部分独立。

（2）当 $0<z<1$ 时，即资本不完全流动，得到 $0<x+y<1$。此时，若 $x=0$，则 $0<y<1$；若 $0<x<1$，则 $0<y<1$；$0<x<1$，$y=0$。代表的政策组合为：资本不完全流动∩固定汇率∩货币政策部分独立；资本不完全流动∩汇率有限浮动∩货币政策部分独立；资本不完全流动∩汇率有限浮动∩货币政策独立。

（3）当 $z=1$ 时，即资本完全不流动，则 $x+y=0$，只有 $x=0$，$y=0$。也即资本完全不流动∩固定汇率∩货币政策独立。

以上扩展的政策组合经整理，见表 3-1。

表 3-1　三元悖论政策组合及扩展

	序号	$z=0$	$0<z<1$	$z=1$	
货币政策独立性及汇率变动程度	1	$x=1$，$y=0$	1. 资本自由流动∩浮动汇率∩货币政策独立	—	—
	2	$x=0$，$y=1$	2. 资本自由流动∩固定汇率∩货币政策不独立	—	—
	3	$0<x<1$，$0<y<1$	3. 资本自由流动∩汇率有限浮动∩货币政策部分独立	—	—
	4	$x=0$，$0<y<1$	—	4. 资本不完全流动∩固定汇率∩货币政策部分独立	—
	5	$0<x<1$，$0<y<1$	—	5. 资本不完全流动∩汇率有限浮动∩货币政策部分独立	—
	6	$0<x<1$，$y=0$	—	6. 资本不完全流动∩汇率有限浮动∩货币政策独立	—
	7	$x=0$，$y=0$	—	—	7. 资本完全不流动∩固定汇率∩货币政策独立

理论上三元悖论的角点解指的是 1、2、7 中的情形。其余的 3、4、5、6 均为三元悖论的中间状态。由于我们需要讨论的是德国在三元悖论中间状态下的政策效果，因此需要结合德国的具体国情进行中间状态的界定。

3.3 德国三元悖论中间状态的判定

要判定德国历史上哪段时期属于三元悖论的中间状态，首先要对汇率制度、资本账户开放度、货币政策独立性进行度量。本书选取 1948 年德国马克发行后，到 1999 年欧元发行前这段历史时期，跨度固定汇率制和浮动汇率制，根据不同的经济环境将这段时期分段，结合历史资料，分析德国在三元悖论框架下的政策组合情况。

3.3.1 汇率制度弹性的度量

汇率制度弹性的衡量主要有两种度量方法，一种是基于各国所公开宣称的法定（de jure）上的分类，一种是基于事实上（de facto）的分类。法定分类法依赖各成员国宣称的汇率制度，而在实际中往往出现实际做法与官方宣称不符的情况，因此本章选择事实分类法，将 GGW 分类法和 RR 分类法相结合，综合官方法定和事实波动判定两种方法，从而更准确地界定德国的汇率制度。

GGW 分类的基础是依据各国官方法定汇率，通过衡量实际汇率波动的综合指标 z-score（$Z=\sqrt{\mu^2+\sigma^2}$）来判定一国汇率制度。其中 μ 表示一年里名义汇率月度变化百分比的算术平均值，而 σ 表示汇率月度变化的标准方差。通过计算出 Z 值，可将样本国家的汇率制度分为三类：盯住、中间和浮动。其后又有学者针对 GGW 方法进行了改进，代表人物是 Joshua Aizenman、MenzieD. Chinn 和 Hiro Ito（2008），其方法是衡量本国货币与基准国货币汇率（基准国为对本国经济影响最大的国家）的波动幅度。

在 GGW 分类法中，本书借鉴 Joshua Aizenman、MenzieD. Chinn、Hiro Ito (2008)的方法，通过衡量本国货币与基准国货币汇率（基准国为对本国经济影响最大的国家）的波动幅度来确定该国汇率制度。具体计算公式是：

$$ERS=\frac{0.01}{0.01+\text{stdve}\left(\Delta\log\left(exch\_\ rate\right)\right)} \tag{3-1}$$

其中 *ERS* 值表示汇率波动的大小，该数值介于 0-1 之间，数值越大，表明该国汇率越稳定。但是由于该公式在衡量汇率年度连续波动上失之准确，如 1961 年德国进行了汇率调整，但根据该公式计算的 *ERS* 值并不能表示该趋势，因此衡量汇率波动的公式变形为：

$$ERS=\frac{0.1}{0.1+\text{stdve}\left(\Delta\log\left(exch\_\ rate\right)\right)} \tag{3-2}$$

该公式计算出两国月度汇率数据的标准差，由于美国对德国经济影响最大，因此本书将美国作为基准国，使用美元与德国马克市场汇率的月度数据，计算两国货币之间的汇率波动情况。数据来源为德国中央银行，马克/美元汇率月度数据最早为 1953 年 8 月，计算结果如图 3-2：

图 3-2 德国马克/美元汇率波动系数 ERS

数据来源：Deutsche Bundesbank，结果经作者计算得出。

由图 3-2 可以看出，1973 年之前马克/美元汇率 ERS 数值在 0.8 左右，表明该时期两国汇率较为稳定。中间在 1961、1969、1971 年系数下降，这体现出固定汇率时期德国由于事实情况造成的汇率波动（在 1961 年将马克升值 5%，1969 年将马克升值 9.3%，以及 1971 年 3 月欧洲共同体被迫对美元共同浮动）。1973 年以后，ERS 系数较为稳定，基本维持在 0.4 左右，虽然偶有个别年份马克兑美元波动幅度较小，但这并非汇率制度改变的结果，而是市场的作用。

RR 分类使用平行市场中的汇率而不是官方汇率，对 1946-2001 年间 153

个国家和地区的市场汇率的月度数据进行了分类，同时发展了各国详细的汇率制度安排和相关因素的历史年表，通过一套描述性统计学的方法，把汇率制度分成14种类型，同时再把他们归类为五大类，如表3-2所示。本章将引用Reinhart和Rogoff的研究成果，用RR分类法的方法界定德国1948-1999年的汇率制度。

表3-2　RR分类法

自然分类种类	细致分类数值	粗分类数值
无独立法定货币	1	1
预先通过的盯住和货币局安排	2	1
波幅等于或小于±2%的预先通告的水平带	3	1
实际盯住	4	1
预先通告的爬行盯住	5	2
波幅小于或等于±2%的预先通告的爬行带	6	2
实际爬行盯住	7	2
波幅小于或等于±2%的实际爬行带	8	2
波幅大于±2%的预先通告的爬行带	9	2
波幅小于或等于±5%的实际爬行带	10	3
波幅小于或等于±2%的非爬行带	11	3
管理浮动	12	3
自由浮动	13	4
超级浮动	14	5

资料来源：Carmen M. Reinhart，Kenneth S. Rogoff. THE MODERN HISTORY OF EXCHANGE RATE ARRANGEMENTS：AREINTERPRETATION. ［EB/OL］（May 2002）［2014-1-3］. http：//www.nber.org/papers/w8963.

根据德国汇率调整的现实情况，本书根据RR分类法的粗分界定，将德国不同时期的汇率制度进行了赋值，结果如下：

表 3-3 德国汇率制度

时间	分类（首要/次要/第三）	内容	粗分数值
1948. 6. 20-1951. 3. 31	事实上与美元保持固定波动区间/多重汇率	马克兑美元的浮动空间为±5%。1949 年升水波动区间在 50%-500%，1952 年在 20%-50%	1
1951. 3. 31-1954. 4. 1	事实上的盯住美元/多重汇率	浮动区间为±5%，发行一种准货币 Sperrmark	1
1954. 4. 1-1958. 12. 29	事实上的盯住美元/平行市场	发行一种次要的准货币 Bekomark，平行市场溢价在 1955 年中期以后不起作用	1
1958. 12. 29-1969. 9. 30	盯住美元/平行市场	德意志银行将 Bekomark 币完全废除。Sperrmark 在 1954 年以后开始固定下来	1
1969. 9. 30-1969. 12. 26	微幅浮动		3
1969. 12. 26-1971. 5. 10	盯住美元		1
1971. 5. 10-1971. 12. 21	管理浮动		3
1971. 12. 21-1973. 1	盯住美元		1
1973. 1-1999. 1	浮动		4

资料来源：Carmen M. Reinhart，Kenneth S. Rogoff. THE MODERN HISTORY OF EXCHANGE RATE ARRANGEMENTS：AREINTERPRETATION. ［EB/OL］（May 2002）［2014-1-3］. http：//www. nber. org/papers/w8963.

由表 3-3 可以看出，德国在 1969 年之前的粗分数值都是 1，说明德国马克兑美元汇率非常稳定，德国实行的是固定汇率制度。1969、1971 年由于美元危机导致德国汇率制度发生了暂时的改变，但与其他国家一样，德国也认为布雷顿森林体系还能得到维系，所以在 1970 年和 1972 年又恢复了固定汇率制度。但是 1973 年布雷顿森林体系的崩溃使德国最终放弃了维持对美元的固定汇率，1973 年以后德国开始执行浮动汇率制度。

结合第一种方法中 ERS 计算结果，我们可以看到，德国汇率制度的调整同样体现在1969、1971年ERS数值的改变上，由此我们可以得出这样的结论，1969年以前德国实行固定汇率制度，1973年以后德国实行浮动汇率制度。尽管在1969、1971年德国政府实行了暂时的浮动，但是由于持续时间较短，为了便于讨论，我们将1973年之前认定为德国实行固定汇率制。值得注意的是，实施浮动汇率制度的德国仍然存在对外汇市场的被动干预，特别是考虑到1985年"广场协议"对德日两国造成的经济影响，为了对三元悖论中间状态更准确地研究，应该界定1974-1990年两德合并前为存在被动干预的浮动汇率制度，1991-1998年为浮动汇率制度。

3.3.2 资本账户开放度的度量

在目前的研究中三元悖论的实证检验往往将资本账户开放程度与资本流动情况挂钩。如Obstfeld（2005），Joshua Aizenman、Menzie D. Chinn、Hiro Ito（2008），采用Financial Openness/Integration（KAOPEN）来表示资本的流动程度，其数据来源于国际货币基金组织对该国资本账户开放程度的判定。之所以这样处理，是因为资本流动程度的主要衡量方法为总量规模法、储蓄-投资相关性检验法和利率平价检验法。而学术界关于资本账户开放度的衡量方法不仅包括以上定量研究，还包括基于法规的定性衡量。因此我们这里也沿用Obstfeld（2005）、Joshua Aizenman、Menzie D. Chinn、Hiro Ito（2008）的做法，用资本账户开放度来表示资本流动程度。关于德国资本开放度的测定方法，本书将采取根据实际资本流动进行的定量衡量和基于法规的定性衡量相结合的办法。

3.3.2.1 基于实际数据的定量研究

学术界常以资本实际流动情况来考察一国资本开放度。衡量方法主要有两种：一是计算外国直接投资和证券投资资产和负债总量占GDP比重的方法来衡量一国资本账户开放度（Lane and Milesi-Ferretti，2001），另一种是计算一国一年资本流入和资本流出总和占GDP比重，以此来衡量资本的流动性（Kraay，1998）。Lane and Milesi-Ferretti方法的基本公式可表示为：

$$IFIGDP_{it}=\frac{FA_{it}+FL_{it}}{GDP_{it}} \tag{3-3}$$

其中FA_{it}表示国家i在给定的第t年的外国资产存量，FL_{it}表示在第t年的外国负债存量，$IFIGDP_{it}$为该国的金融开放度。该指标的优点在于数据的可获得性，且能在一个较长时期反映出一国资本账户开放程度的变化。根据该指标，德国1950-1998年的资本账户开放度情况如图3-3：

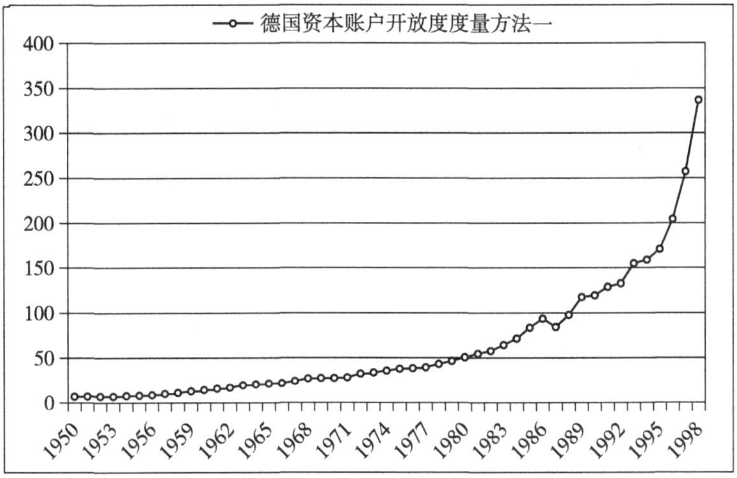

图3-3　德国资本账户开放度度量方法一

数据来源：Deutsche Bundesbank，经作者计算得出。

由图3-3可以看出，德国在1950-1998年直接投资和证券投资存量和占GDP的比重不断增加，这说明德国的资本开放度在不断提高。Lane and Milesi-Ferretti方法能显示出一国资本账户开放的长期趋势，但是不能反映出个别年限资本账户管制的变动情况，相比之下，Kraay指标更能反映出资本流动的变动情况。

Kraay指标是将证券投资、直接投资的流入和流出绝对值的总和除以当年的GDP值，以此来确定一国的资本开放程度。用公式表示为：

$$Z=x=\frac{FDIin+FDIout+PIin+PIout}{GDP} \tag{3-4}$$

其中FDI表示直接投资，FDI_{in}表示当年直接投资流入，FDI_{out}表示当年直接投资流出，PI_{in}表示证券投资流入，PI_{out}表示证券投资流出，以上数据均取绝对值。由于可得数据有限，德国资本流动数据最早起始于1971年，本书就以1971-1998年的数据为研究对象，说明*Kraay*指标对德国资本开放度研究的意义。数据来源于*CEIC*，所有年份*FDI*、证券投资的流入和流出均取绝对值，*GDP*为当年实际值。计算结果如图3-4所示：

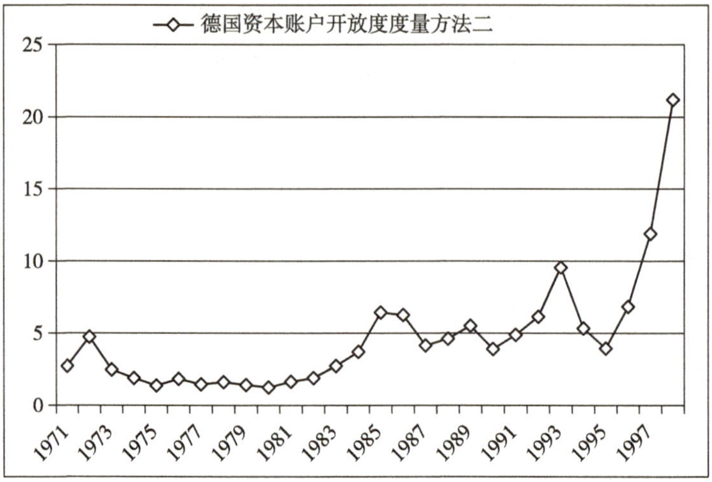

图 3-4 德国资本账户开放度度量方法二

数据来源：CEIC 数据库，经作者计算而得。

由上图可以看出，1971-1973 年、1984-1986 年、两德合并后，以及 1995 年以后德国资本流动规模占 GDP 的比重增大。事实上，1971-1973 年由于布雷顿森林体系的解体，大量资本流入德国，德国又重新启动了对资本的管制。1970 年联邦德国对海外银行负债的增量重新提出最低准备金率的要求，1971 年，禁止对非居民的银行存款支付利息，也不准非居民购买货币市场票据。1972 年对非居民的负债提出现金准备（Bardepot）的要求，非居民必须经过审批才能获得固定利率的德国马克债券，非居民获得国外贷款必须有现金准备，也就是以零利率按一定比率存一部分在中央银行，这被称为 Bardepot。为了限制资本的流入，1972 年德国政府禁止向非居民出售固定利率的债券，1973 年德国政府既不准向非居民出售也不准从非居民处借入任何信用工具，同时进一步提高了最低准备金和 Bardepot 的要求。从图 3-4 中可以看出，1972-1973 年的资本流动规模确实有所下降。

1973 年以后，德国不断放开对资本项目的管制，1974 年 1 月德国废除了特别法定准备金率要求，同年 9 月，彻底取消对现金存款的要求。1978 年考虑到国际资本的流入，德国又实行法定准备金的要求，但很快在同年 6 月又取消该制度。1981 年德国放宽了对资本流入的限制，1981 年 3 月允许非居民购买国内债券和货币市场票据；同年 8 月废除向非居民出售国内债券和货币市场票据的所有限制。但是从图 3-4 中无法看出资本管制变化对资本流动的影响。

由此可以看出，基于实际资本流动的定量分析能更好地反映出一国资本流动的变化趋势，但是却无法反映出一国对于资本账户管制变化的规定。鉴于事实定量分析指标的缺陷，综合一国法规对资本账户的开放度进行衡量才能得出更准确的结论。

3.3.2.2　基于法规的定性衡量

基于法规的定性衡量方法的共同之处就是都以 IMF 每年出版的《汇兑安排和汇兑限制年报》为基础，对资本的流入和流出管制强度赋值，由此来比较不同国家资本账户开放度的大小。在以法规为基础的定性研究中，Quinn（1997）指标覆盖面最全，研究时间最长。

Quinn 通过研究 21 个 OECD 国家 1950-1997 年（现已更新至 1999 年）间和 43 个非 OECD 国家 1958、1973、1982、1988 年 IMF 的 AREAER 的描述来测定一国资本账户的管制力度。Quinn 对资本账户下的交易进行赋值，总分在 0-4 分之间，并对借方和贷方的管制力度分别记分，对其中的任意一方记分的分值都在 0-2 之间，并且以 0.5 分为单位递增。数值越大，表示开放度越强。经常账户下的交易也被赋值，取值区间为 0-8（这是由于商品交易下和服务项下交易的限制赋值都是 0-4）。除此之外，与其他学者在仅根据 AREAER 公布数据进行定性分析不同，Quinn 除了考虑一国对资本管制的安排，还将国际立法公约对一国汇率和资本流动限制考虑在内，其赋值也是 0-2 之间。将一个国家这三项数值进行加总，就是这个国家最后的金融开放度，其区间为 0-14，数值越大，表明开放度越大。Quinn 指标的优点在于：资本账户管制指标运用基数来表示，就意味着它能反映出一个国家资本账户管制的严格度，另外它分别考虑资本账户的借方和贷方，即对资本的流入和流出作了区分；最后，该指标将一国法规与国际立法公约对资本账户的限制结合起来，能更加全面和真实地展现出一国的资本账户管制情况。

由于 Quinn 指标能全面反映出一国政府对其资本项目的管制情况，且研究时间最长，资料最充实，所以本书利用 Quinn 数据对德国 1950-1998 年资本项目下的开放度进行衡量，其结果如图 3-5 所示。

由图 3-5 可以看出，德国在 1950 年以后，资本账户开放度迅速提高，在 1957 年就已经达到最高值 4，资本账户完全放开。相比之下，经常账户在 1960 年才完全不予限制。国际公约对于德国资本流动和汇兑的限制也在 1961 年完全解除，1961 年德国就已经实现了金融的完全开放。从以上数据可以看出，德国确实是较早地实现了资本自由化的国家。

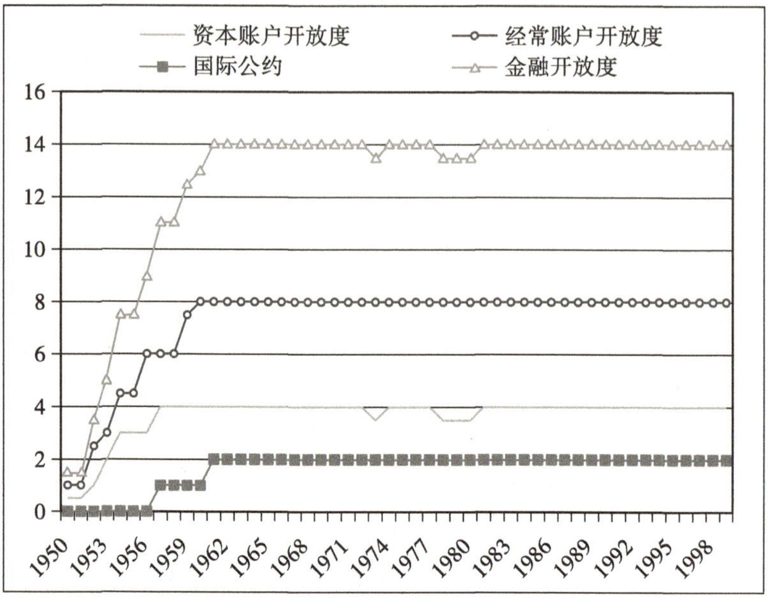

图 3-5　德国资本账户开放度度量方法三

数据来源：Dennis P. Quinn, Carla Inclan. " The Origins of Financial Openness: A Study of Current and Capital Account Liberalization" American Journal of Political Science 41 [EB/OL] (July, 1997) [2014-2-3] http://www.stanford.edu/class/polisci243c/readings/v0002015.pdf.

不过 1973 年、1978-1980 年德国资本账户开放度的数值下降至 3.5。参考德国历史上对资本账户限制的法令可以看出，1973 年 2 月，德国政府既不准向非居民出售也不准从非居民处借入任何信用工具，6 月则进一步提高了最低准备金和 Bardepot 的要求。1978 年 1 月，对海外银行负债的增量又被重新提出最低准备金要求。这些限制降低了德国资本账户的开放度，也影响了德国的金融开放度，从总体来看，德国对于资本账户的限制并不严格，1950-1973 年之前属于存在资本管制，1974-1990 年资本账户已经高度开放，但是在个别年份存在反复调整，1990 年以后则是资本账户完全开放。

3.3.3　货币政策独立性的度量

3.3.3.1　货币政策独立性检验方法的选定

固定汇率制度下，德国马克对美元有干预义务，汇率的波动会影响德国外汇储备的变化，从而影响德国基础货币量的大小，德国货币政策的独立性受到影响。因此 1950–1973 年使用外汇占款占基础货币投放的比例测算德国货币政策独立性是较适用的方法。

1974–1998 年本章使用本国利率和基准国利率之间的相关性来判断货币政策的独立性。一般来说，西方国家货币政策操作强调利率的作用，忽视货币数量的控制。这是因为货币供应量或利率都可以作为货币政策的中间指标，并因此有两种对应的货币政策操作模式：把货币供应量当作货币政策的中间指标，货币当局主要是调控货币供给，而把利率作为中间目标的，则是调控货币需求。如果货币供给是内生的，货币当局试图通过调节由社会经济活动本身决定的货币供应量，来达到调节宏观经济将是无效的。而且从历史发展情况来看，由于货币供给更多地具有外生性，以货币供给量作为控制目标的货币政策并不是很有效。所以西方国家更多地把利率作为货币政策的中间目标，调节利率的高低来影响市场对货币的需求，进一步影响总需求，从而起到调整整个宏观经济的目的。国外学者的研究虽然可以说明货币政策独立的程度，其理论基础是根据三元悖论的假设，外国利率是一个外生变量，本国利率要随着外国利率的变化而调整。这其实就排除了本国与基准国是经济规模相当的经济体，两国的利率水平可能会存在相互影响的情况。布雷顿森林体系解体后，德国放开了资本账户的管制，经济稳定增长，德国不断接近基准国美国的经济规模，两国货币市场紧密联系，有可能出现德国利率影响美国利率的情况。因此在德国货币政策独立性的检验上，1974 年以后的研究均采用 Granger 检验来检验两国利率互为因果的关系，可以有效地解决两个经济规模接近的经济体之间利率的相互影响情况。在具体检验过程中，本章根据重大历史事件对经济的影响将时间分为 1974–1990 年两德合并前和 1991–1998 年欧元发行前两个时间段。

3. 3. 3. 2　实证检验

3. 3. 3. 2. 1　衡量外汇储备与货币供应量关系

利用外汇储备与基础货币供应的相关关系衡量货币政策独立性包括三种情况：如果一国的货币供应量与外汇储备完全相关，那么该国货币供应缺乏独立性；假设一国货币供应量与外汇储备完全不相关，则该国货币供应具有完全的独立性；如果外汇储备与一国的货币供应量部分相关，则该国货币供应存在一定的独立性。衡量一国的基础货币与外汇储备间的关系的模型如下：

$$BMt = \beta FRt + \mu t \tag{3-5}$$

其中，BMt 表示基础货币 M_0；FRt 表示外汇储备；β 是回归系数，说明单位外汇储备变化率引起的基础货币变化率的大小；随机项 μt 则表示不能由外汇储备预测的基础货币供应量，也就是本国国内部门占基础货币供应的部分，μt 代表本国货币供应的独立性。检验结果中，如果 μt 平稳，则表明本国的基础货币供应来自外汇储备的增加，因此本国货币供应缺乏独立性；如果 μt 不平稳，且 β 显著，则说明本国货币供应存在部分独立性，此时本国货币供应由外汇储备和本国其他部门共同决定；如果 μt 不平稳，且 β 不显著，则表明本国货币供应存在完全独立性，此时货币供应只由国内各部门影响决定。

1950-1973 年外汇储备数据由年度经常项目余额与资本收支余额加总得到，此处忽略误差和遗漏，数据均取自年底，变化率经作者计算得出。由于联邦银行不能提供 1948-1959 年基础货币的统计数据，所以 1949-1960 年用现金流动的增长率代替，之所以能代替，是因为本应包括在内的存款准备金存款只占现金流动很少的部分，以上数据来源于 Deutsche Bundesbank，40Jahre。1961-1970 年的数据源自德意志联邦银行,① 1971-1973 年数据来自 IFS。

经计算，回归结果为：$BMt = 0.548FRt$

$$(3.079384)$$

记残差序列为 Resid，进行 ADF 单位根检验，结果如下：

表 3-4　残差的 ADF 平稳性检验

变量	检验类型（c，t，l）	临界值			ADF 检验	P 值
		1%	5%	10%		
Resid	（c，0，0）	-3.808546	-3.020686	-2.650413	-5.035183	0.0007

从表 3-4 的检验结果可以得出，Resid 平稳。因为残差项表示基础货币供给中不能被外汇储备变动所预测的部分，也就是国内相应部门造成的基础货币供给的冲击。所以当残差项平稳时，表示本国货币供应不存在独立性。从回归方程来看，德国 1950 年至 1973 年间基础货币供应量与外汇储备的相关系数为 0.548，这说明德国的货币供给很大程度上来自外汇储备的变动。因此我们可以得出，1950 年至 1973 年间德国的货币政策失去了大部分的独立性。

① 以上数据均引自卡尔—路德维希·霍尔特福理希．固定汇率时期的货币政策（1948-1970）［A］//德国马克与经济增长［M］．北京：社会科学文献出版社，2012：247-248.

3.3.3.2.2　利用利率的格兰杰检验

1974年以后的检验我们考察德国利率与美国利率的相互影响关系。由于大部分宏观时间序列数据是不平稳的，为了避免出现伪回归问题，我们首先要对所有数据进行单位根检验，通过检验，我们发现两组数据均存在单位根问题，而且都是一阶差分平稳的。我们可以对美国联邦基金利率、德国货币市场利率的1阶差分数据做基于VAR模型的Granger因果检验。

本章所选用的数据为月度数据，考虑到布雷顿森林体系解体后美元在国际金融中的绝对地位，本书与国外研究者（Frankel，2004；Shambaugh，2004；Obstfeld，2005；Chinn，2008）一样，选择的基准国也是美国，美国利率选择联邦基金利率，德国利率选择货币市场利率（与美国不同，德国货币市场的主要参与者是德国中央银行）。

由于格兰杰检验对滞后长度非常敏感，本书首先检验了两国利率VAR模型滞后阶数，在此基础上进行VAR模型的格兰杰因果检验。表3-5、表3-6报告了格兰杰因果检验的结果。

表3-5　1974-1990年美国利率是否是德国利率变动的原因

零假设	滞后2阶	滞后3阶	滞后4阶	滞后5阶
	概率	概率	概率	概率
德国利率不是美国利率变动的原因	0.92841	0.95231	0.49954	0.28990
美国利率不是德国利率变动的原因	0.00057	2.2E-05	0.00020	5.2E-05

表3-6　1991-1998年美国利率是否是德国利率变动的原因

零假设	滞后2阶	滞后3阶	滞后4阶	滞后5阶
	概率	概率	概率	概率
德国利率不是美国利率变动的原因	0.39685	0.45452	0.18981	0.34691
美国利率不是德国利率变动的原因	0.28487	0.51545	0.31682	0.15429

在两个变量的格兰杰检验中，施瓦兹准则确定的最优滞后阶数是 2[①]，由于格兰杰检验对滞后长度非常敏感，本书检验了 1974–1990 年，1991–1998 年滞后 2~5 阶的各种情况，其结果 1974–1990 年美国利率是德国利率变动的原因，德国利率不是美国利率变动的原因，德国货币政策没有表现出充分独立性。1991–1998 年美国利率不是德国利率变动的原因，德国利率也不是美国利率变动的原因，德国货币政策表现出独立性。

但是如果两国的经济周期接近，或者经济发展程度接近时，当面对共同的外部冲击，两国可能采用同样的货币政策抵御衰退或者抑制通胀，这时候仅仅考察两国利率的相关程度，就会得出本国利率与基准国利率相关的结论，而这有可能是一个伪回归。观察美国联邦基金利率与德国利率的曲线图，我们很容易发现两者的变动具有一定的相似性，特别是 1979–1984 年之间。而根据格兰杰因果检验的结果，也容易使人得出德国货币政策不独立的结论。

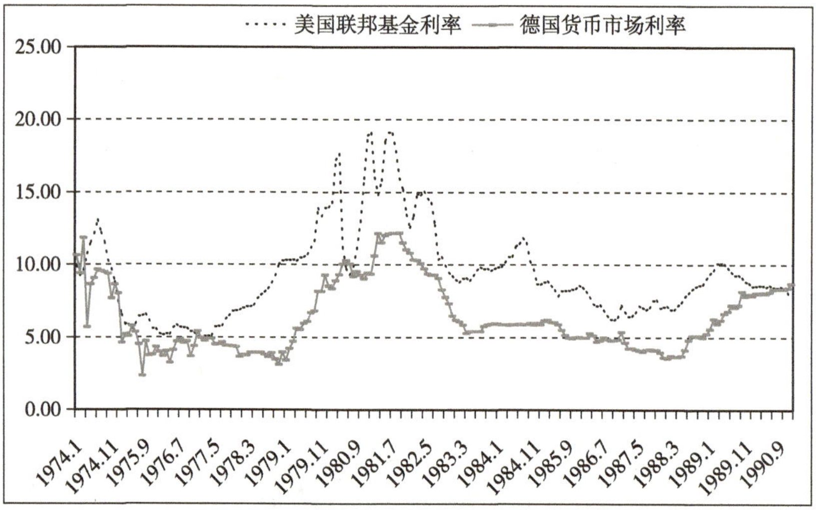

图 3–6　美国联邦基金利率与德国货币市场利率

数据来源：国际货币基金组织 IFS 数据库。单位：%。

研究 1979–1985 年德国的历史我们发现，德国此阶段不断提高利率是为了缓

---

① 注：在两个变量的格兰杰检验中，施瓦兹准则（Schwarz Criterion）确定的最优滞后阶数是 2，施瓦兹准则是确定模型最优滞后阶数的一个标准，具体公式为，$SC=-2l/t+[(k+1)\ln T]$，其中，l 为对数似然值，$l=-\frac{T}{2}[1+\ln(2\pi)+\ln(\hat{u}'\hat{u}/T)]$。根据施瓦兹准则，滞后阶数偏小或者偏大都会给模型带来损失，所以最小 SC 值对应的阶数为最佳。

解通胀压力和改善经常账户逆差，同时可以抑制贬值的德国马克。这期间美联储也不断调高利率，虽然从 1980 年 6 月起，美联储利率有波动的趋势，但总体来说，德国中央银行利率和美联储利率表现出较强的相关性。由于德国的货币政策目标中包括汇率目标，因此马克利率随美元的提高而提高，这确实说明德国货币政策的独立性受到了一定的影响。

1982–1985 年，中央银行的首要目标是刺激经济增长，因此降低了贴现率和伦巴德利率，其货币政策中没有涉及使马克贬值的汇率目标，但同时期德国和美国都实行了宽松的货币政策，造成两国的利率表现出较高的相关性，德国货币政策表现出较低的独立性。但这并没有影响货币政策发挥良好的作用，放松的银根使得德国 GDP 增长率不断上升，同时通胀率已经趋于稳定，逆差也转为顺差。

从较长时期来看，马克利率与美元利率的格兰杰因果检验结果表明德国货币政策受美国的影响，但是短期来看，某一时期表现出的部分独立性并不一定是德国中央银行追求外部目标的结果，而是由于处于相似的经济周期导致两国利率表现出较高的相关性。

3.4 小结

根据对汇率波动性、资本开放度、货币政策独立性指标的判定，结合不同的时间段，可以得到下表：

表 3–7 德国各阶段的三元悖论政策组合情况

时间	独立的货币政策	资本流动性	固定汇率制
1950–1973 年	不独立的货币政策	较开放的资本账户	固定汇率制
1974–1990 年	部分独立的货币政策	暂时调整的资本账户	存在外部压力的浮动汇率制
1991–1998 年	独立的货币政策	开放的资本账户	浮动汇率制

由表 3–7 以看到，在固定汇率时期，根据三元悖论原则，一国当局实行资本管制才可以实现货币政策的独立性，研究数据表明，虽然 1950–1973 年间德国有部分年代实行了资本管制，但德国在 1957 年就已经实现了较高程度的资本开放度，德国货币政策由于固定汇率制度的束缚，货币数量受到外汇储备变化的较大影响，因此货币政策很大程度上失去了独立性，这符合三元悖论原则的框架。

1974–1990 年，从较长时期来看，德国马克的利率显然受到美元利率的影响，因此没有表现出充分的独立性。依据三元悖论原则，浮动汇率制下资本账户的开放可以实现货币政策的独立性，但并不必然实现货币政策的独立性，德国的检验结果证明了这一点。但从短期来看，某一时期表现出的部分独立性的缺失并不一定是德国中央银行追求外部目标的结果，而是由于处于相似的经济周期导致两国利率表现出较高的相关性。

1991-1998 年，德国资本账户完全放开，确实实现了三元悖论独立货币政策、开放的资本账户和浮动汇率制度的角点解。

从以上的分析我们可以得出，1950-1973 年，1974-1990 年德国都处于三元悖论的中间状态。分别对应着三元悖论中间状态理论界定中的政策组合 4、5，见表 3-1。但是布雷顿森林体系的解体说明，1950-1973 年中间状态的政策组合最终以汇率体系的崩溃结束，是一段失败的经历。而 1974-1990 年德国则顺利实现了从中间状态向角点解的平稳过渡。且 1974 年以后德国开始实行浮动汇率制度，而中国也在不断放开汇率波动的空间，因此研究 1974-1990 年这段时期的德国政策制定和执行效果，以及资本流动、汇率波动、货币政策的配合，对中国的进一步改革更有借鉴意义。

第四章　三元悖论中间状态货币政策效果理论探讨

三元悖论的概念是克鲁格曼在蒙代尔模型的基础上得出的。要讨论三元悖论中间状态的政策效果，必须回到三元悖论的思想基础蒙代尔-弗莱明（M-F）模型中，可进一步针对德国的国情对三元悖论中间状态的货币政策效果进行讨论。

4.1 三元悖论的理论基础——M-F 模型

蒙代尔理论只讨论了在资本完全流动情况条件下，货币政策在不同汇率制度下的政策效果。后来的学者根据资本流动程度的不同，对蒙代尔模型进行了拓展。M-F 模型成为研究在资本不同流动状态下政策效果的经典框架。

4.1.1 M-F 模型的基本假设

M-F 模型中假设本国是一个小国，资本完全流动，本国利率受国外利率影响，$i=i^*$。两国价格水平不变，即期汇率永远不变，远期与即期没有差异。贸易收支只取决于收入和汇率，资本流动决定于利率，货币需求只取决于收入和利率。货币供给由国内信贷 DC 和外汇储备 F 构成，央行通过调整货币量来调整利率。浮动汇率指货币当局对外汇市场不予干预以固定汇率，但是不排除在外汇市场的自由买卖。固定汇率是指货币当局按照固定汇率买卖外汇来干预外汇市场。

存在三个市场，外汇市场、商品市场和货币市场。当公众愿意持有银行体系增加的货币供应量，则货币市场均衡。当外汇储备真实增加的量等于央行希望购买的量，则外汇市场均衡。当投资与储蓄之差等于预算盈余和贸易逆差之和，则商品市场均衡。假设每个市场最初处于均衡。

资本流动存在三种情况：资本完全流动、资本完全隔离和资本不完全流动，在此基础上讨论货币政策实施的效果。M-F 模型可以写成以下表达式：

IS 曲线：$Y=C+I-br+G+EX(E)-[IM(E)+mY]$ （4-1）

LM 曲线：$M+F=L(Y, i)$ (4-2)

BP 曲线：$BP= EX(E)-[IM(E)+mY]+FA_0+k(i-i^*)=0$ (4-3)

其中 C、I-bi、G、EX(E)、[IM(E)+mY]、$FA_0+k(i-i^*)$、i^* 分别为消费、国内投资、政府支出、出口、进口、资本净流出、国外利率。E 为名义汇率，使用直接标价法。BP 曲线是能够使国际收支平衡的收入和利率组合，该曲线的斜率由资本对利率的敏感度决定，资本流动对利率变化越敏感，则该曲线越趋于平缓。

本章只研究不同状态下货币政策的效果，因此在这里假设政府支出 G 不变，且货币供给的变化表现为国内信贷 DC 变化而 G 不变。固定汇率制度下 E 保持不变，浮动汇率制度下国际收支实现自动平衡，外汇储备 F=0。货币供应量的变化会引起 LM 曲线的移动，汇率的变化会引起 IS 和 BP 曲线的移动。

4.1.2　不同资本流动条件下货币政策效果

4.1.2.1　资本完全流动

资本完全流动条件下，$k=\infty$，本国利率的任何调整都会引起资本的流入和流出，当本国利率高于外国利率时，资本流入直至两国利率相等。此时 M-F 模型的表达式可以写为：

IS 曲线：$Y=C+I-bi+G+EX(E)-[IM(E)+mY]$ (4-4)

LM 曲线：$M+F=L(Y,i)$ (4-5)

BP 曲线：$i=i^*$ (4-6)

4.1.2.1.1　固定汇率制度下的货币政策效果

经济最初位于均衡点 A，假设央行想通过宽松的货币政策实现对经济的增长的刺激，货币供给一次性从 LM 增加至 LM_1，此时 LM_1 与 IS 曲线交于点 B，在该点处，利率下降，产出增加。由于利率下降引起资本流出，资本流出形成国际收支逆差，本国货币汇率贬值，为了维持固定汇率（外部目标），央行必须在市场上卖出外汇，买入本币，这个过程一直会持续到央行买入的本币等于央行最初在市场上投放的货币量，货币供应量回到最初水平。可以看出固定汇率制度下，货币政策对收入水平没有任何持续影响。央行必须有所放弃：要不只能实现外部目标（汇率稳定），而放弃内部目标（货币供应量）；要不只能实现内部目标，放弃对汇率稳定的维持。如图 4-1 所示。

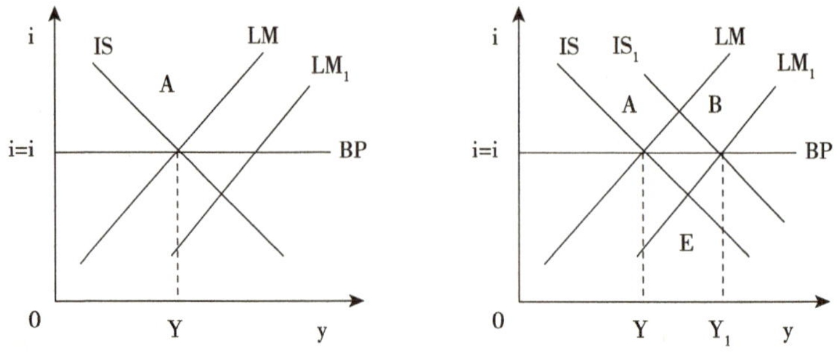

固定汇率制下货币政策效果　　浮动汇率制下货币政策效果

图 4-1　资本完全流动条件下货币政策效果

4.1.2.1.2　浮动汇率制度下的货币政策效果

浮动汇率体系下，经济最初位于均衡点 A，假设央行实施扩张的货币政策，一次性增加货币供给，使 LM 曲线右移至 LM_1，此时与 IS 曲线交于点 E，在该点处，产出增加，利率有下降的压力。由于资本的流动只受利率影响，因此资本流出，国际收支出现逆差，浮动汇率制度下本国货币汇率贬值。汇率贬值造成净出口增加，收入和就业增加，IS 曲线右移至 IS_1，与 LM_1 曲线交于点 B。在该点处，净出口的增加等于资本的流出量，国际收支实现平衡，同时收入的增加造成公众对货币需求的增加，当货币需求的增加等于银行体系增加的货币供应量，则经济体系就达到了新的均衡。

4.1.2.2　资本完全隔离条件下的货币政策效果

资本完全隔离时，利率的任何变动都不会引起资本的流动，资本流动为零，$FA_0+k(i-i^*)=0$，则 BP 曲线变形为 $BP=EX(E)-[IM(E)+mY]=0$。M-F 模型的表达式变为：

IS 曲线：　$Y=C+I-bi+G+EX(E)-[IM(E)+mY]$　(4-7)

LM 曲线：　$M+F=L(Y,i)$　(4-8)

BP 曲线：　$BP=EX(E)-[IM(E)+mY]=0$　(4-9)

4.1.2.2.1　固定汇率制度下货币政策效果

最初经济位于均衡点 A。央行通过扩大货币供应量来刺激经济增长，LM 右移到 LM_1，由 LM 曲线的表达式可以看出，产出增加，导致进口增加，国际收支出现逆差，为了维持固定汇率，政府动用外汇储备干预外汇市场，货币供给量下降，LM_1 又回到原来的位置 LM，货币政策无效。如图 4-2 所示。

4.1.2.2.2　浮动汇率制度下货币政策效果

经济最初位于均衡点 A，收入为 Y，央行增加货币供给量，LM 曲线右移至 LM_1，经济由 A 点移动至 B 点，此时产出增加，利率下降。资本完全隔离的条件下，利率的变动虽不会引起资本的流动，但收入的增加引起进口[IM(E)+mY]的增加，造成国际收支逆差，本国汇率下降，BP 曲线右移至 BP_1，此时新的均衡点 B 对应产出为 Y1，货币政策发挥了刺激经济增长的效果。如图 4-2 所示。

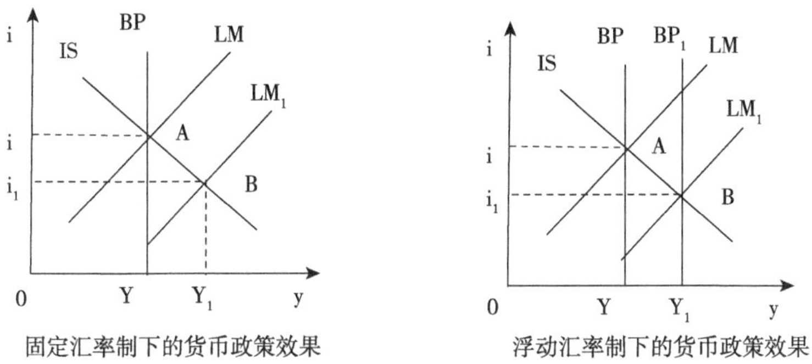

图 4-2　资本完全隔离条件下货币政策效果

4.1.2.3　资本不完全流动条件下的货币政策效果

资本不完全流动意味着 BP 曲线是一条向右上方倾斜的曲线，这表明收入和利率必须同向变动才能保证国际收支平衡。资本不完全流动时 M-F 模型的表达式为：

IS 曲线：　$Y=C+I-br+G+EX(E)-[IM(E)+mY]$　(4-10)

LM 曲线：　$M+F=L(Y,\ i)$　(4-11)

BP 曲线：　$BP=EX(E)-[IM(E)+mY]+FA_0+k(i-i^*)=0$　(4-12)

4.1.2.3.1　固定汇率制下的货币政策

经济最初位于均衡点 A，央行实行扩张的货币政策，LM 曲线右移至 LM_1，经济暂时位于 B 点，此时产出增加，利率下降。利率下降引起资本外流，同时产出增加导致进口增加，国际收支出现逆差，为了维持汇率稳定，央行动用外汇储备在外汇市场进行干预，随着外汇储备的减少和货币供给量的减少，LM_1 曲线又回到 LM 最初的位置。货币政策无效。如图 4-3。

4.1.2.3.2　浮动汇率制下货币政策效果

经济最初位于均衡点 A，央行实行扩张的货币政策，LM 曲线右移至 LM_1，经济暂时位于 B 点，此时产出增加，利率下降。利率下降引起资本外流，同时产出增加导致进口增加，国际收支出现逆差，本币汇率下降，这导致 BP 曲线右移至 BP_1。汇率的下降刺激净出口增长，同时利率的下降也引起国内投资的增加，IS 曲线右移至 IS_1，此时经济位于新的均衡点 B，对应产出为 Y_1，货币政策有效。如图 4-3。

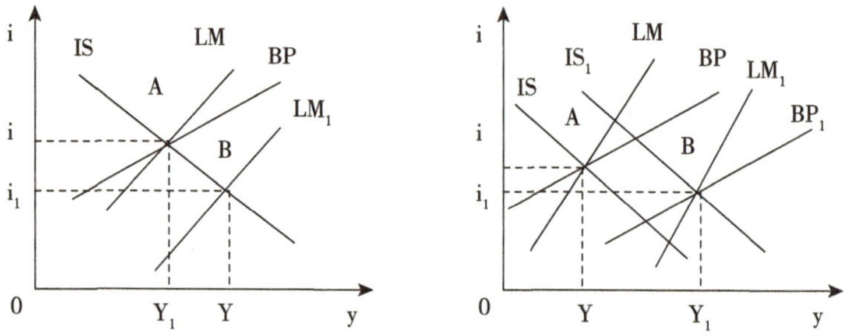

固定汇率制下货币政策效果　　浮动汇率制下货币政策效果

图 4-3　资本不完全流动条件下货币政策效果

M-F 模型的分析表明，无论是资本完全流动、资本不完全流动还是资本完全不流动，浮动汇率制度下货币政策都表现为有效，固定汇率制度下货币政策都无效。M-F 模型为我们进一步分析三元悖论中间状态的货币政策效果提供了基本的理论框架。

4.2　三元悖论中间状态的货币政策效果

三元悖论中间状态下三个政策目标有多种组合，但是最符合 1974-1990 年德国情况的组合为资本不完全流动、货币政策失去部分独立性，汇率因为受到被动干扰而有限浮动的情形。因此我们以这种政策组合为三元悖论中间状态研究框架，讨论货币政策的效果。

与资本不完全流动的 M-F 模型相比，三元悖论中间状态的 M-F 模型多了货币政策部分独立的条件。需要注意的是，货币政策的独立性和货币政策的有效性不能混为一谈。独立的货币政策不一定有效，同样，失去部分独立性的货币政策有可能实现调节经济的目的。其概念的混淆源于 M-F 模型与 Krugman 思想的差异。M-F 模型假设在资本完全流动时，固定汇率制下货币数量具有内生性，受到国际收支的制约，不能独立发挥货币政策对内部均衡的调节，货币政策失去有效性。而 1999 年 Paul Krugman 在 *O Canada*：*A neglected nation gets its Nobel* 一文中将蒙代尔思想描述为一国只能在固定汇率、资本自由流动和有效货币政策中做三选二的选择。这里 Krugman 已经将蒙代尔的思想进行了扩展，其理论逻辑是如果两国资本可以完全替代，且能实现自由流动和维持固定的汇率，那么套利资金的套利活动会使得本国利率不可能脱离外国利率的影响，必须随外国利率变动而变动，从而使本国货币政策丧失独立性。这其实就是无抛补的利率平价理论，对货币政策独立与否的判定也从原来的货币供应量转向了利率。Obstfeld（2005）明确地指出，近些年来，由于金融创新和货币需求的不稳定性，中央银行普遍认为货币供应量工具难以控制，利率成为有效的货币政策调整工具。因此，后期的学者对货币政策的独立性或自主性的研究转向对利率的研究。将本国利率是否受到基准国（base country）利率影响作为货币政策独立性的判定标准。可以看出，M-F 模型强调的货币政策有效性是以能否达到调节经济的目的为依据，利率是否受到国外影响并不作为判定货币政策效果的标准。

对德国货币政策独立性的研究正是基于 Krugman 的思想基础，通过对德国货币市场利率与美国联邦基金利率之间的相关性检验，得出德国货币政策受到美国利率影响，失去部分独立性的结论。但是要讨论部分独立的货币政策效果，仍然需要回到 M-F 模型中。事实上，在 M-F 模型中，无论前提是资本自由流动、部分流动还是完全不流动，货币政策在浮动汇率制度下都是有效。即使一国利率不得不随他国利率变化而变动，汇率存在被动干预升值或者贬值，此时的货币政策仍有可能是有效的。

4.2.1　三元悖论中间状态的 M-F 模型假设

三元悖论中间状态的货币政策效果讨论仍在 M-F 模型旧有的前提假设下展开。依然假设价格不变，将利率能否有效刺激或抑制产出作为判断货币政策有效的标准。考虑到布雷顿森林体系解体后美国仍然在国际经济中处于绝对地位，以及第三章检验证明的美国利率变动是德国利率变动的格兰杰原因，而德国利率变动不是美国利率变动的格兰杰原因。这里我们仍然采用 M-F 的小国模型。资本不完全流动意味着 BP 曲线是一条斜线，中间状态下汇率有限浮动指汇率被动升值或者贬值。货币政策失去部分独立性指本国利率在部分年份随基准国的（对本国经济影响最大的国家）利率变化而变化。这可能是由于两国受到相同的外部冲击（20世纪70年代石油价格上涨导致各国实施紧缩的货币政策来控制价格），因而可能是因为基准国调整利率造成国际资本流动，本国为了减小对汇率的影响，也被迫调整利率。M-F模型的表达式为：

IS曲线：$Y=C+I-br+G+EX(E)-[IM(E)+mY]$ (4-13)

LM曲线：$(M+F)/P=L(Y,i)$ (4-14)

BP曲线：$BP=EX(E)-[IM(E)+mY]+FA_0+k(i-i^*)=0$ (4-15)

在该国利率i随基准国利率i^*调整而调整的年份里，基准国利率下调或上浮，本国利率也随之下调或上浮。基准国利率下调后利率为$i_1{}^*$，本国利率下调后为i_1，本国随基准国利率调整后可能出现的结果是：$i_1<i_1{}^*$；$i_1=i_1{}^*$；$i_1>i_1{}^*$。利率变动对M-F模型的影响是当$i_1<i_1{}^*$时，$k(i_1-i_1{}^*)<0$，国际资本流出；$i_1=i_1{}^*$时，资本不流动，$i_1>i_1{}^*$时，国际资本流入。汇率变动的影响是汇率升值，则BP曲线左移，汇率贬值，则BP曲线右移。

如果考虑所在的经济周期是否相同和汇率被动波动对经济的影响，则三元悖论中间状态下可能出现的经济组合是：同周期利率下调伴随本币贬值、不同周期利率下调伴随本币贬值；同周期利率下调伴随本币升值、不同周期利率下调伴随本币升值；同周期利率上调伴随本币升值、不同周期利率上调伴随本币升值；同周期利率上调伴随本币贬值、不同周期利率上调伴随本币贬值。

结合以上经济组合，用资本不完全流动的M-F模型为基础，可对三元悖论中间状态的货币政策效果进行讨论。

4.2.2 中间状态货币政策效果讨论

4.2.2.1 下调利率伴随本币贬值

4.2.2.1.1 同周期下调利率伴随本币贬值

如果本国与基准国属于同样的经济周期，两国都处于萧条期，需要扩张的货币政策刺激经济增长。基准国下调利率，本国也下调利率。本国经济开始位于均衡点A，在该点上利率为i，对应产出为Y。

A、当本国利率随之下降为i_1且$i_1<i_1{}^*$时，利率的下降导致本国的投资需求增加，IS曲线右移，产出增加为Y_1，同时因投资引发的货币需求增加，LM曲线右移至LM_1，产出增加导致进口增加，同时由于$i_1<i_1{}^*$导致资本外流，国际收支

出现逆差，加上本币汇率被动贬值的共同作用导致 BP 曲线右移至 BP_1，此时经济位于新的均衡点 B，对应的产出为 Y_1。本国利率的被动调整起到了刺激经济增长的效果，货币政策有效。如图 4-4（A）。

B、当本国利率随之下降且 $i_1=i_1^*$，资本不发生流动，此时的理论分析与资本完全隔离条件下的货币政策效果相同。利率下降将引起国内投资的增加，产出增加，从而进口增加，国际收支出现逆差加上本币汇率被动贬值的共同作用使 BP 曲线右移至 BP_1，三条曲线交于新的均衡点。此时的货币政策有效。如图 4-4（B）。

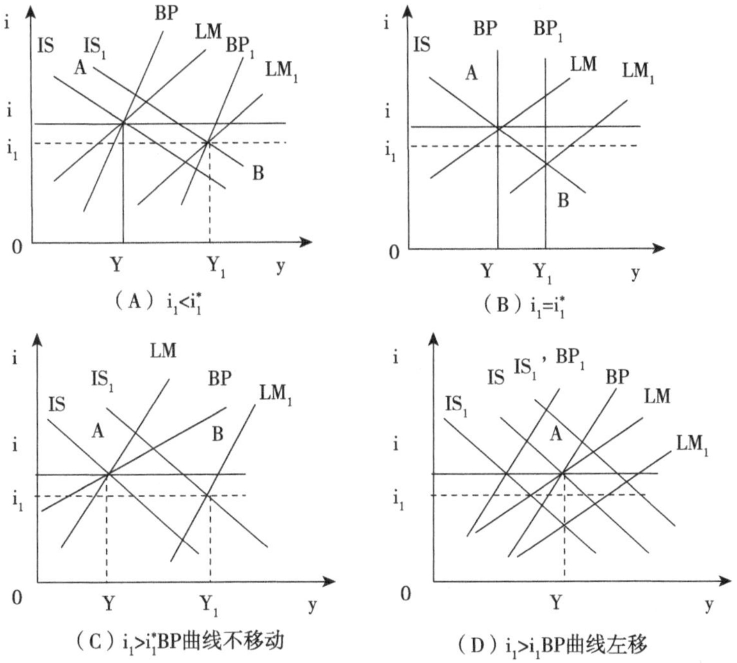

图 4-4　下调利率伴随本币贬值的货币政策效果

C、当本国利率下降且 $i_1>i_1^*$ 时，LM 曲线右移至 LM_1 导致利率下降，但由于本国利率高于国外利率，国际资本流入，国际收支发生顺差，本国货币汇率升值，BP 曲线左移至 BP_1，但由于汇率被动贬值，此时可能出现三种情况：（1）国际收支顺差造成的升值幅度小于汇率被动贬值的幅度，则 BP 曲线右移，IS 曲线右移，三条曲线交于新的均衡点，货币政策有效。此时的货币政策发挥作用的原理如图 4-4（A）。（2）国际收支顺差造成的升值幅度等于汇率被动贬值的幅度，则 BP 曲线不移动，IS 曲线由于利率的降低导致产出增加，发生右移，与

LM_1 曲线交于点 B，产出增加，但无法与 BP 曲线交于均衡点，此时无法实现均衡状态。如图 4-4（C）（3）国际收支顺差造成的升值幅度大于汇率被动贬值的幅度，则 BP 曲线左移，IS 曲线的移动有两种可能，因为汇率升值导致净出口下降，但是同时利率下降又导致国内投资增加，如 $I-br>EX(E)-[IM(E)+mY]$，则 IS 曲线右移，产出增加；若 $I-br<EX(E)-[IM(E)+mY]$，则 IS 曲线左移，产出减少。但无论产出增加还是减少，三条曲线都不可能交于均衡点。如图 4-4（D）中 BP 曲线左移的情形。当本国利率下降且 $i_1>i_1^*$ 且本币被动贬值时，货币政策可能有效也可能无效，因此货币政策效果无法确定。

4.2.2.1.2 不同周期下调利率伴随货币贬值

当本国与基准国处于不同经济周期时，此时利率下调产生的货币政策的效果分析不变，只是基准国因为处于萧条期而下调利率，本国则处于经济过热阶段，此时的货币政策目的是抑制产出，如果无法抑制产出则视为货币政策无效。分析结果变成：A、当 $i_1<i_1^*$ 时，产出增加，央行无法抑制产出，货币政策无效。B、当 $i_1=i_1^*$ 时，货币政策无效。C、当 $i_1>i_1^*$ 时，货币政策效果可能抑制产出，也可能促进产出增长，货币政策效果无法确定。

4.2.2.2 下调利率伴随本币升值

4.2.2.2.1 同周期下调利率且本币升值

如果本国与基准国属于同样的经济周期，两国都处于萧条期，需要扩张的货币政策刺激经济增长。基准国下调利率，本国也下调利率。此时本币被动升值会对经济产生不同的影响。本国经济开始位于均衡点 A，在该点上利率为 i，对应产出为 Y。

A、当本国利率随之下降为 i_1 且 $i_1<i_1^*$ 时，利率的下降导致本国的投资需求增加，IS 曲线右移，产出增加为 Y_1，同时因投资引发的货币需求增加，LM 曲线右移至 LM_1，产出增加导致进口增加，同时由于 $i_1<i_1^*$ 导致资本外流，国际收支出现逆差，本币贬值 BP 曲线右移，但是汇率被动升值又使 BP 曲线左移。此时可能出现三种情况。（1）国际收支逆差导致的贬值幅度大于汇率被动升值幅度，则 BP 曲线最终右移，此时 IS 曲线右移，最终三条曲线交于均衡点 B。产出增加，货币政策有效。如图 4-4（A）。（2）国际收支逆差导致的贬值幅度等于汇率被动升值幅度，则 BP 曲线不移动，IS 曲线由于利率的降低发生右移至 IS_1，与 LM_1 曲线交于点 B，此时产出增加，但无法实现均衡。如图 4-4（C）$i_1>i_1^*$

BP 曲线不移动。（3）国际收支逆差导致的贬值幅度小于汇率被动升值的幅度，BP 曲线左移，IS 曲线的移动有两种可能，因为本币升值导致净出口下降，但是同时利率下降又导致国内投资增加，如 I-br>EX(E)-[IM(E)+mY]，则 IS 曲线右移，若 I-br<EX(E)-[IM(E)+mY]，则 IS 曲线左移，产出可能增加也可能减少，且三条曲线都不可能交于均衡点。如图 4-4（D）中 BP 曲线左移的情形。因此当 $i_1<i_1^*$ 时，货币政策的效果不确定。

B、当本国利率随之下降且 $i_1=i_1^*$，资本不发生流动，此时的理论分析与资本完全隔离条件下的货币政策效果相同。利率下降将引起国内投资的增加，产出增加，从而进口增加，国际收支出现逆差，汇率贬值伴随着汇率被动升值同时出现，此时可能出现三种情形：（1）国际收支逆差导致的贬值大于汇率被动升值，则 BP 曲线右移，IS 曲线也发生左移，与 LM_1 交于新的均衡点 B，在此点上，产出增加，利率下降，货币政策达到效果。如图 4-5（B），$i_1=i_1^*$。（2）国际收支逆差引起的贬值等于被动升值的幅度，此时 BP 曲线不移动，IS 曲线由于投资增加右移至 IS_1，与 LM_1 交于 B 点，此时产出增加但无法实现均衡点。如图 4-5（B）BP 不移动。（3）国际收支逆差引起的贬值小于被动升值的幅度，则 BP 曲线左移，IS 曲线的移动有两种可能，因为汇率贬值导致净出口增加，但是同时利率上升又导致国内投资减少，如 I-br>EX(E)-[IM(E)+mY]，则 IS 曲线右移至 IS_1'，若 I-br<EX(E)-[IM(E)+mY]，则 IS 曲线左移至 IS_1，此时产出可能增加也可能减少。但无论 k 哪种情况，三条曲线都不可能交于均衡点。如图 4-5（B）中 BP 曲线右移的情形。因此当 $i_1=i_1^*$ 时，货币政策效果不确定。

C、当本国利率下降且 $i_1>i_1^*$ 时，LM 曲线右移至 LM_1 导致利率下降，但由于本国利率高于国外利率，国际资本流入，国际收支发生顺差，本国货币汇率升值，此时加上汇率被动升值的效果导致 BP 曲线左移至 BP_1，IS 曲线的移动有两种可能，因为汇率升值导致净出口下降，但是同时利率下降又导致国内投资增加，如 I-br>EX(E)-[IM(E)+mY]，则 IS 曲线右移，若 I-br<EX(E)-[IM(E)+mY]，则 IS 曲线左移，此时产出可能增加也可能减少，但无论哪种情况，三条曲线都不可能交于均衡点，如图 4-4（C）中 BP 曲线左移的情形。此时无法实现均衡。因此当 $i_1>i_1^*$ 时，货币政策的效果不确定。

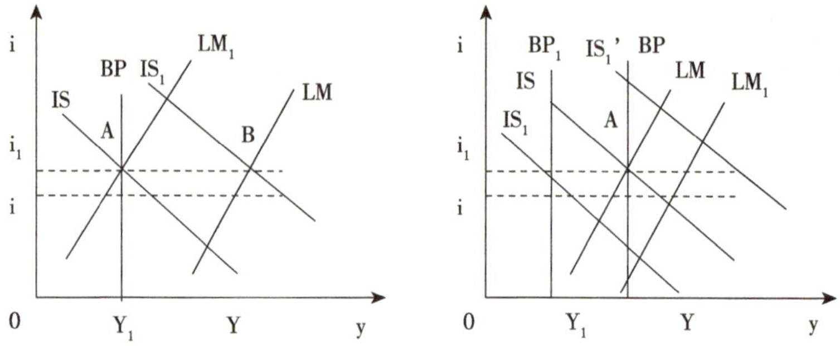

（A）$i_1=i_1^*$且BP曲线不动　　（B）$i_1=i_1^*$且BP曲线左移

图 4–5　下调利率且本币升值的货币政策效果

4.2.2.2.2　不同周期下调利率伴随本币升值

当本国与基准国处于不同经济周期时，此时利率下调货币政策的效果分析不变，只是基准国因为处于萧条期而下调利率，本国则处于经济过热阶段，此时的货币政策目的是抑制产出，分析结果变成：A、当 $i_1<i_1^*$ 时，产出可能增加也可能减少，且无法实现均衡，货币政策效果不确定。B、当 $i_1=i_1^*$ 时，产出可能增加也可能减少，且无法实现均衡，货币政策效果不确定。C、当 $i_1>i_1^*$ 时，产出可能减少也可能增加，且无法实现均衡，货币政策效果不确定。

4.2.2.3　上调利率伴随本币升值

4.2.2.3.1　同周期上调利率伴随本币升值

如果本国与基准国属于同样的经济周期，两国都处于经济过热期，需要紧缩的货币政策使经济降温。基准国上调利率，本国也上调利率。本国经济开始位于均衡点 A，在该点上利率为 i，对应产出为 Y。

A、当本国利率随之上升为 i_1 且 $i_1<i_1^*$ 时，利率的上升导致本国的投资需求减少，LM 曲线左移至 LM_1。由于 $i_1<i_1^*$ 导致资本外流，国际收支出现逆差与汇率被动升值一起发挥作用。此时出现三种可能情况：（1）国际收支逆差引起的贬值小于被动升值的幅度，此时 BP 曲线左移至 BP_1，同时本币汇率上升导致净出口下降，利率提高导致国内投资下降，因此 IS 曲线也左移至 IS_1，此时三条曲线交于均衡点 B。在此点上，产出下降，利率提高，货币政策达到效果。如图 4–6（A_1）$i_1<i_1^*$ 且 BP 左移。（2）国际收支逆差引起的贬值等于被动升值的幅度，此时 BP 曲线不移动，IS 曲线由于投资减少左移至 IS_1，与 LM_1 交于 B 点，产出下降但无法实现均衡点。如图 4–6（A_2），$i_1<i_1^*$ 且 BP 不移动。（3）国际收支逆

差引起的贬值大于被动升值的幅度，则 BP 曲线右移，IS 曲线的移动有两种可能，因为汇率贬值导致净出口增加，但同时利率上升又导致国内投资减少，若国内投资减少的幅度小于净出口增加的幅度，即 $I-br<EX(E)-[IM(E)+mY]$，则 IS 曲线右移至 IS_1'，若 $I-br>EX(E)-[IM(E)+mY]$，则 IS 曲线左移至 IS_1，则产出可能增加也可能减少，但三条曲线都不可能交于均衡点。如图，4-6（A_3）中 $i_1<i_1^*$ 且 BP 曲线右移的情形。因此 $i_1<i_1^*$ 时，货币政策的效果不确定。

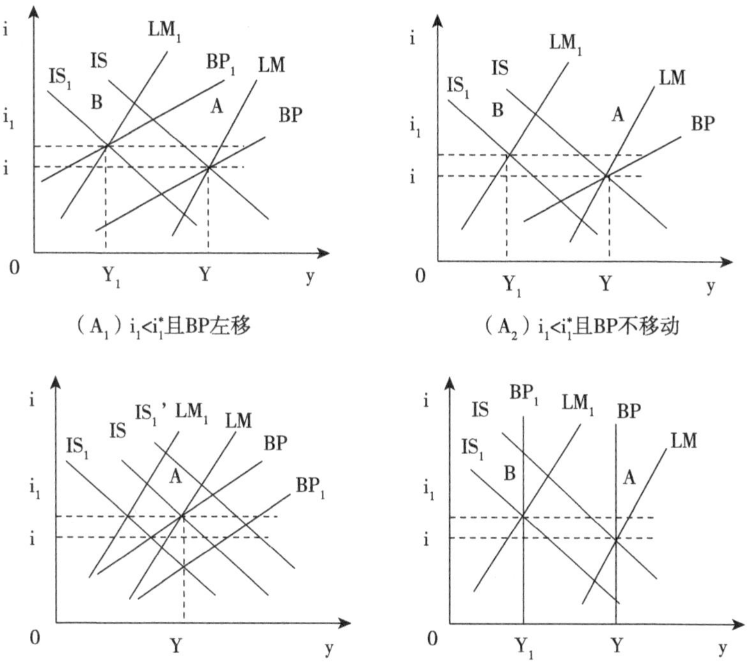

（A_1）$i_1<i_1^*$且BP左移　（A_2）$i_1<i_1^*$且BP不移动

（A_3）$i_1<i_1^*$且BP右移　（B）$i_1=i_1^*$

图 4-6　上调利率伴随本币升值的货币政策效果

B、当本国利率随之上升且 $i_1=i_1^*$，资本不发生流动，此时的理论分析与资本完全隔离条件下的货币政策效果相同。利率上升将引起国内投资的减少，产出减少，从而进口减少，国际收支出现顺差加上汇率被动升值的共同作用使 BP 曲线左移至 BP_1，三条曲线交于新的均衡点 B。此时产出下降，利率提高，货币政策有效。如图 4-6（B）。

C、当本国利率上升且 $i_1>i_1^*$ 时，LM 曲线左移至 LM_1，由于本国利率高于国外利率，国际资本流入，国际收支发生顺差加上汇率被动升值的作用，BP 曲线左移。升值导致的净出口下降加上利率提高引起的投资下降，使 IS 曲线也左移。

最终三条曲线交于新的均衡点 B。效果如图 4-6（A_1）$i_1<i_1^*$ 且 BP 左移，此时产出下降，利率提高，货币政策有效。

4.2.2.3.2　不同周期上调利率伴随本币升值

当本国与基准国处于不同的经济周期，如基准国需要提高利率来使经济降温，本国则应该实施宽松的货币政策刺激经济增长，如果货币政策没有导致产出增加则视为货币政策无效。此时对货币政策效果的分析不变，只是结果变为：A、当 $i_1<i_1^*$，产出可能增加也可能减少，但无法实现均衡。货币政策效果不确定。B、$i_1=i_1^*$ 时，货币政策无法刺激经济增长，无效。C、$i_1>i_1^*$ 时，货币政策无法刺激经济增长，无效。

4.2.2.4　上调利率伴随着本币贬值

4.2.2.4.1　同周期上调利率伴随本币贬值

如果本国与基准国属于同样的经济周期，两国都处于经济过热期，需要紧缩的货币政策使经济降温。基准国上调利率，本国也上调利率。本国经济开始位于均衡点 A，在该点上利率为 i，对应产出为 Y。

A. 当本国利率随之上升为 i_1 且 $i_1<i_1^*$ 时，利率的上升导致本国的投资需求减少，LM 曲线左移至 LM_1。由于 $i_1<i_1^*$ 导致资本外流，国际收支出现逆差与汇率被动贬值一起发挥作用。此时 BP 曲线右移。IS 曲线的移动有两种可能，因为汇率贬值导致净出口增加，但是同时利率上升又导致国内投资减少，如果国内投资减小的规模小于净出口增加的规模，即 $I-br<EX(E)-[IM(E)+mY]$，则 IS 曲线右移至 IS_1'，如果国内投资减小的规模大于净出口增加的规模，即 $I-br>EX(E)-[IM(E)+mY]$，则 IS 曲线左移至 IS_1，产出可能增加也可能减少，但三条曲线都不可能交于均衡点。如图 4-6（A_3）中 BP 曲线右移的情形。此时货币政策效果不确定。

B. 当本国利率随之上升且 $i_1=i_1^*$，资本不发生流动，此时的理论分析与资本完全隔离条件下的货币政策效果相同。利率上升将引起国内投资的减少，产出减少，从而进口减少，国际收支出现顺差，此时可能出现三种情形：（1）国际收支顺差导致的升值大于汇率被动贬值，则 BP 曲线左移，IS 曲线也发生左移，与 LM_1 交于新的均衡点 B，在此点上，产出下降，利率提高，货币政策达到效果。如图 4-6（B）$i_1=i_1^*$。（2）国际收支顺差引起的升值等于被动贬值的幅度，此时 BP 曲线不移动，IS 曲线由于投资减少左移至 IS_1，与 LM_1 交于 B 点，无法实现均衡点。如图 4-7（A）BP 不移动。（3）国际收支顺差引起的升值小于被动贬值的幅度，则 BP 曲线右移，IS 曲线的移动有两种可能，因为汇率贬值导致净出口增加，但是同时利率上升又导致国内投资减少，如果国内投资减小的规模小于净出口增加的规模，即 I-br<EX(E)-[IM(E)+mY]，则 IS 曲线右移至 IS_1’，如果国内投资减小的规模大于净出口增加的规模，即 I-br>EX(E)-[IM(E)+mY]，则 IS 曲线左移至 IS_1。货币政策的效果是产出可能增加也可能减少，但无论哪种情况，三条曲线都不可能交于均衡点。如图 4-7（B）中 BP 曲线右移的情形。因此当 $i_1=i_1^*$ 时，货币政策效果不确定。

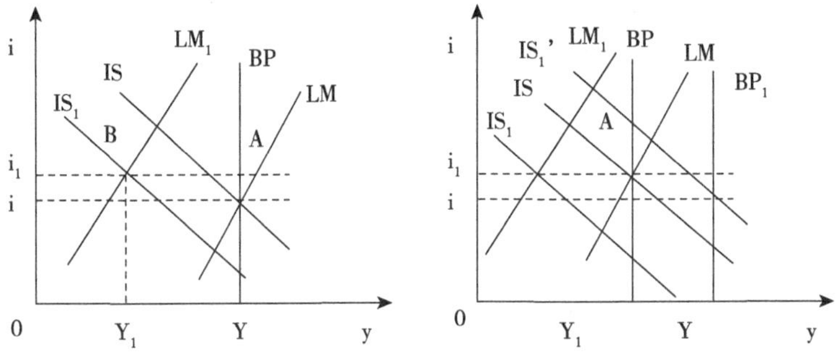

（A）$i_1=i_1^*$且BP曲线不动 （B）$i_1=i_1^*$且BP曲线右移

图 4-7 利率上调伴随本币贬值的货币政策效果

C. 当本国利率上升且 $i_1>i_1^*$ 时，LM 曲线左移至 LM_1，由于本国利率高于国外利率，国际资本流入，国际收支发生顺差，此时可能出现三种情形：（1）国际收支顺差导致的升值幅度大于汇率被动贬值的幅度，则 BP 曲线左移，IS 曲线也发生左移，与 LM_1 交于新的均衡点 B，在此点上，产出下降，利率提高，货币政策达到效果。如图 4-6（A_1）BP 左移。（2）国际收支顺差引起的升值幅度等于被动贬值的幅度，此时 BP 曲线不移动，IS 曲线由于投资减少左移至 IS_1，与 LM_1 交于 B 点，产出下降但无法实现均衡点。如图 4-6（A_2）BP 不移动。（3）国际收支顺差引起的升值小于被动贬值的幅度，则 BP 曲线右移，IS 曲线的移动有两种可能，因汇率贬值导致净出口增加，但是同时利率上升又导致国内投资减少，如国内投资减小的规模小于净出口增加的规模，即 I-br<EX（E）-[IM（E）+mY]，则 IS 曲线右移至 IS_1’，若国内投资减小的规模大于净出口增加的规模，即 I-br>EX(E)-[IM(E)+mY]，则 IS 曲线左移至 IS_1。因此产出有可能增加也可能减少。但无论哪种情况，三条曲线都不可能交于均衡点。如图 4-6（A_3）中 BP 曲线右移的情形。因此当 $i_1>i_1^*$ 时，货币政策效果不确定。

4.2.2.4.2　不同周期上调利率伴随本币贬值

如果基准国处于经济过热期，需要紧缩的货币政策使经济降温。而本国则应该实施宽松的货币政策来刺激经济增长，此时基准国上调利率，本国也上调利率。货币政策分析的内容与同周期时相同，只是结果变为：A、当 $i_1<i_1^*$，产出可能增加也可能减少，货币政策效果不确定；B、$i_1=i_1^*$ 时，产出可能增加也可能减少，货币政策效果不确定。C、$i_1>i_1^*$ 时，产出可能增加也可能减少，且无法实现均衡，货币政策效果不确定。

总结以上的分析可以得到表 4-1。可以看出在资本不完全流动，货币政策失去部分独立性，汇率有限浮动的中间状态下，货币政策可能有效。

表 4-1　三元悖论中间状态货币政策效果

货币政策调整	汇率被动变化	$i_1<i_1^*$	$i_1=i_1^*$	$i_1>i_1^*$
同周期下调利率	贬值	有效	有效	不确定
	升值	不确定	不确定	不确定
不同周期下调利率	贬值	无效	无效	不确定
	升值	不确定	不确定	不确定
同周期提高利率	贬值	不确定	不确定	不确定
	升值	不确定	有效	有效
不同周期提高利率	贬值	不确定	不确定	不确定
	升值	不确定	无效	无效

4.3　德国的三元悖论中间状态货币政策效果分析

在资本不完全流动条件下，三元悖论中间状态的政策组合有多种形式。德国 1950-1973 年与 1974-1990 年两个时间段都属于三元悖论的中间状态，但考虑到 1950-1973 年德国被迫放弃固定汇率制度，是一个失败的经历。因此我们重点研究 1974-1990 年德国货币政策有效的原因。

德国在 1974-1990 年的政策组合为资本不完全管制，货币政策部分独立和存在被动调整的浮动汇率制度。理论分析得出资本不完全流动，货币政策部分独立和汇率存在被动干预的浮动汇率制度的政策组合有可能实现货币政策有效调节经济的目的。但结合德国的具体情况，三元悖论中间状态时期有两个重要因素的出现会影响德国货币政策有效性的发挥。一是由巨额经常项目顺差导致的 1985 年德国马克被动升值，二是经常项目顺差过大引发的国际收支失衡。在 M-F 模型中，浮动汇率制度下假设国际收支自动实现平衡，事实上，即使实行浮动汇率制，国际收支出现失衡的现象也普遍存在。国际收支失衡不仅会导致 LM 曲线的移动，还会对物价造成影响，从而影响货币政策实施的效果。考虑到德国中央银行的首要目标是维护价格稳定，将对物价的控制作为货币政策实施效果的检验，因此在关于德国的三元悖论中间状态分析模型中要加入价格变量。除此之外，表 4-1 的结果表明，在本币升值条件下货币政策很难达到刺激经济增长的目的，但德国马克和日元在广场协议后都被迫升值，结果却大相径庭，因此符合德国国情的 M-F 模型还需要引入实际汇率变量，要分别研究汇率被动波动和国际收支失衡对货币政策的影响。

4.3.1　符合德国国情的 M-F 模型的假设

观察德国在 1974-1990 年的国际收支状况，可以发现这 17 年中，有 10 年德国的外汇储备出现增长，国际收支失衡的压力主要来自国际收支顺差造成的外汇储备对基础货币供给量的影响，在此浮动汇率制度下的真实货币供给应表示为 $M/p=DC+F$。DC 为国内信贷规模，F 为外汇储备的增加值。在 M-F 模型中，浮动汇率制度下由于国际收支自动平衡，因此央行不进行对冲操作。但现实中实行浮动汇率制度的国家仍然面临国际收支失衡问题，因此冲销成为央行避免流动性过剩的主要手段。在完全对冲下，$\Delta DC=-\Delta F$，$\Delta MB=0$，基础货币 MB 不会受到外汇储备 F 的影响，此时货币政策能发挥本身的效力。如果央行不实施冲销，则 $\Delta MB=\Delta F$，LM 曲线右移，这不仅会影响产出，更会影响价格。为了检验国际收支失衡条件下德国货币政策的效果，M-F 价格不变的假设不再适用。国内投资和消费引致的货币需求由国内信贷来满足，因此外汇储备引发的货币供给的增加会大于国内实际货币需求量，引起价格的上涨。为了充分讨论外汇储备增加对国内货币政策的干扰，我们假设本国价格完全弹性，也即在国内货币市场和商品市场均衡时，外汇储备增加引发基础货币投放的增加，会导致价格同比例上涨。外国价格不变，本国汇率变化不引发对本国价格的改变，同时假设央行的冲销不会引起市场利率的变化。修正后的 M-F 模型表达式如下：

$$IS:\ Y=C+I-br+G+EX\ (ep_f/p)\ -IM\ (ep_f/p) \tag{4-16}$$

$$LM:\quad M/p=\alpha(DC+F-S)\ =PL\ (i,\ Y) \tag{4-17}$$

$$BP: EX(ep_f/p) - IM(ep_f/p) + FA_0 + K(i-i^*) = 0 \quad (4-18)$$

其中 ep_f/p 表示真实汇率，P_f 为国外价格，e 为名义汇率，S 为央行冲销规模。

4.3.2 德国马克被动升值对货币政策效果的影响

经常项目顺差过大会引发与贸易逆差国的摩擦，20 世纪 80 年代美国由于美元升值导致贸易逆差不断增大，美国寄希望用美元贬值或者迫使竞争对手货币升值的办法来提高本国出口商品的竞争力。由于美国的贸易逆差主要来自德国和日本，因此 1985 年广场协议上美国对德国和日本施压，要求两国货币兑美元升值。但由于两国货币汇率升值幅度不同，对两国经济的影响也大不相同。

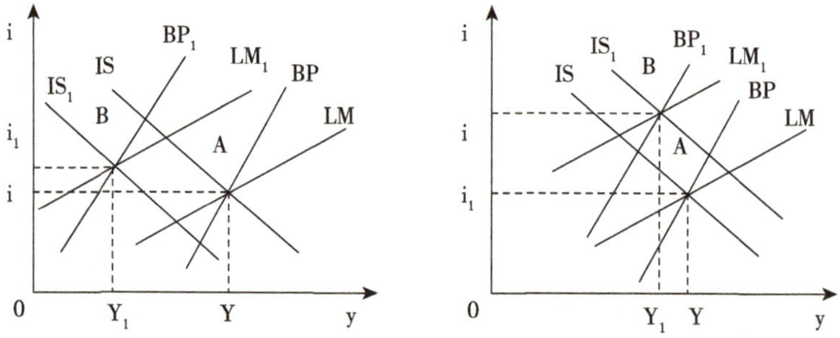

（A）本币大幅升值　　（B）本币小幅升值

图 4-8　汇率变动升值对经济影响

当本币名义汇率升值，而国内外价格都不变时，名义汇率变动的幅度决定了 BP 曲线和 IS 曲线移动的距离。图 4-8 显示了汇率升值幅度不同时的情况。如图 4-8（A）所示，最初经济位于均衡状态 A 点，对应产出为 Y。当汇率大幅升值时，净出口下降，BP 曲线和 IS 均向左移动至 BP_1 和 IS_1，产出下降，对货币的需求下降，LM 曲线也左移至 LM_1，三条曲线交于新的均衡点 B，此时产出下降至 Y1。汇率的升值会导致经济出现萎缩，且 BP 曲线移动的距离与真实汇率波动幅度有直接关系，真实汇率升值幅度越大，BP 曲线左移的距离越大，因此对经济的影响越大。

图 4-8（B）显示汇率小幅升值对经济的影响，最初经济位于均衡状态 A 点，对应产出为 Y。图 4-8（B）中由于汇率小幅升值，BP 曲线移动的距离较图 4-8（A）幅度小，因此对 IS 曲线的影响也较小，最终均衡点产出为 Y_1。可以看出图 4-8（B）的产出减少幅度要小于图 4-8（A）。

以上分析可以从理论上解释1985年广场协议后德国马克和日元汇率被迫升值后产生的不同经济后果。汇率的被动升值幅度大小直接影响该国的产出，升值幅度越大，对产出的影响越大，升值幅度越小，对产出的影响越小。

4.3.3 国际收支失衡对货币政策效果的影响

浮动汇率制度下，国际收支失衡的现象仍普遍存在。国际收支失衡会影响货币供应量的被动变化，从而影响货币政策的有效性。因此维持外汇储备的适度规模和进行有效的冲销是保持货币政策效力的途径。

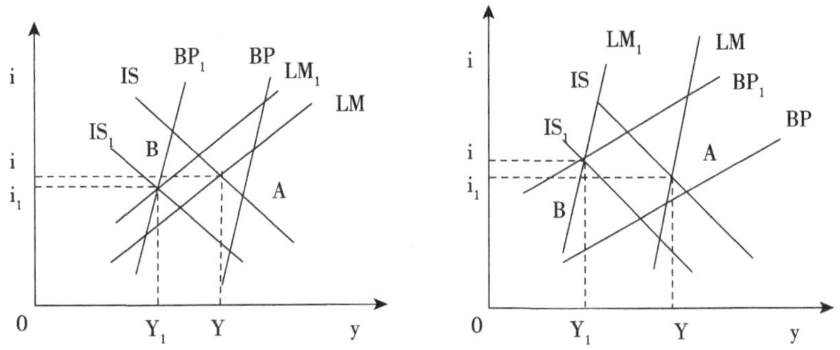

（A）BP对利率不敏感　　（B）BP对利率敏感

图4-9 国际收支失衡对经济影响

经济最初位于LM和IS的交点A处，此时货币市场和商品市场实现了均衡，但是国际收支出现了盈余F，所以A点位于BP曲线的左侧。此时F的增加导致了央行货币供给量的增大。由于假设价格存在完全弹性，则价格p与货币量M同时增加，真实货币供给不变，经济仍然停留在点A，但是价格的上涨导致了真实汇率的上升，汇率升值导致净出口减少，IS曲线移动至IS_1，此时产出下降，对货币需求下降，利率因此下降，BP曲线因为净出口减少和资本流出的减少（利率下降）导致BP曲线也移动至BP_1，LM曲线因为利率和产出的下降也左移，最终三个市场的均衡点在B点。与最初经济状态相比，B点的产出下降，价格上升，经济处于滞涨状态。国际收支失衡导致的对经济的偏离与BP曲线的斜率有关，BP曲线的斜率取决于资本流动对利率变动的敏感程度，BP曲线越平缓，经济的偏离越严重。如图4-9所示。

如果央行实施冲销政策，则LM曲线的表达式变为$M/p=DC+F-B=PL(r, Y)$，B表示央行的冲销额度，如果B=F，则央行实施了完全冲销，经济维持在A点，此时价格不变，产出远高于B点。如果B<F，则央行没有实现完全的冲

销，产出高于 B 点产出低于 A 点产出，价格高于 A 点产出低于 B 点产出。

在有外汇储备增加的条件下，是否会影响货币政策的效果取决于两个因素，一是外汇储备的规模，二是是否实施了完全冲销。如果外汇储备规模过大，央行实施完全冲销的难度增加，完全冲销的实施可以保证经济维持货币市场和商品市场的均衡，避免经济的萎缩和价格的上涨。

4.4 小结

本章以 M-F 模型为基础，分析了符合德国国情的三元悖论中间状态的货币政策效果，并结合对德国经济影响重大的两个因素，汇率被动波动和国际收支失衡分析了对货币政策效果的影响。结论有三：一是货币政策部分独立，有限浮动汇率制度和资本不完全流动的中间状态下，货币政策可能有效。二是汇率波动幅度的大小决定对产出影响的大小，汇率升值幅度越大，对产出的影响越大，因此可通过减小被动升值幅度来降低对产出的影响。三是可以通过控制外汇储备的适度规模和完全冲销来避免国际收支失衡的影响。理论的分析得出了这样的可能，三元悖论中间状态下德国货币政策有效，即使出现了马克汇率被动波动和国际收支失衡的情况，也可以通过使德国马克小幅升值来降低对产出的影响，通过维持外汇储备的适度规模和实施有效冲销来保证货币政策实施的效果。

第五章　德国三元悖论中间状态时期货币政策有效性检验

理论分析表明，即使存在汇率的被动干预，货币政策独立性受到基准国影响，本国的货币政策仍有可能实现调节经济的目的。三元悖论因为直观性被作为政策选择的标准，但是由于这一概念过于简化，忽略了现实经济环境，仅仅局限于三元悖论进行长期制度选择，不一定能达到预期的目标。货币政策有效而非货币政策独立才是金融制度建设应该追求的目标，货币政策的选择应该以有效作为参考标准。

布雷顿森林体系解体后，德国开始实行浮动的汇率制度，但是由于美元的强势地位，德国在 1974-1990 年的货币政策表现为失去部分独立性，这已在本书第三章被验证。但研究德国的史料会发现，此阶段德国的经济状况良好，通货膨胀率远远低于其他发达国家，同时经济也实现了稳定的增长。因此我们选择1974-1990 年这段时期，通过建立误差修正模型检验德国此时期货币政策的有效性。

本章的结构如下：第一部分是 1974-1990 年德国各阶段的经济运行情况及德国货币政策的变化；第二部分对德国物价、利率、产出做基于 VAR 的误差修正模型来检验德国货币政策的有效性；第三部分是本章的结论。

5.1 1974-1990 年德国各时期经济情况

5.1.1 1974-1978 年：衰退后的复苏

1973 年石油危机爆发以及紧缩的货币政策使德国经济开始衰退。1974 年德国的实际 GDP 增长率急速下降，到了 1975 年为-0.8%，1974 年失业率为 0.6%，1975 年上升为 1%，

1976 年德国经济开始复苏，GDP 增长率为 4.95%。此阶段 GDP 的实际年增

长率在3%以下。由于石油价格的飞涨导致通货膨胀在德国的爆发，1974年德国通胀率高达7.3%，相对于1973年上涨了16%。但从1975年开始，通胀开始明显下降，到了1977年降为3.1%。图5-1显示了这个时期的经济走势。

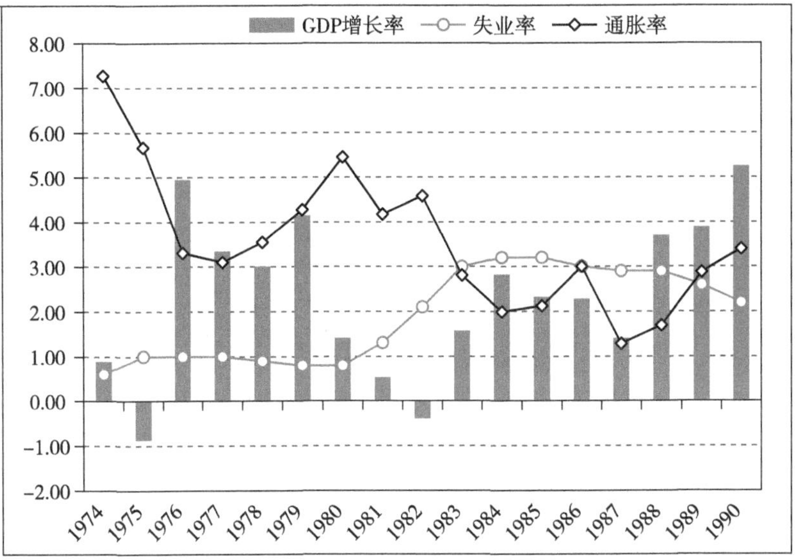

图5-1　1974-1990德国经济情况

数据来源：世界银行数据库。单位:%。

5.1.1.1　欧洲货币体系：浮动汇率制度的救星

本阶段美元兑马克汇率在1974-1975年下跌，到了1975年8月前出现了小幅的升值，后又继续下跌。马克不断升值，由1974年的1马克兑换0.3949美元最终达到1978年的1马克兑0.5098美元，升值幅度为29%。由图5-2可以看出，尽管美联储提高了基准利率，美德利差在1976年12月后不断上升，但美元仍然持续贬值。虽然根据国际金融理论，利差的增大会导致美元的升值，但此阶段美国的利率政策没有发挥作用。德国中央银行不断调低的贴现率和伦巴德利率显然没有将汇率升值问题纳入货币政策的目标。借助1977年秋天蛇形浮动中心汇率的调整，蛇形浮动空间的扩大从很大程度上减轻了投机性资本对德国马克的压力，欧洲货币联动机制在一定程度上把对马克升值的投机资本转移到了那些货币联动机制中相对较弱的货币身上，这使得中央银行的货币政策无须过多关注外部目标。

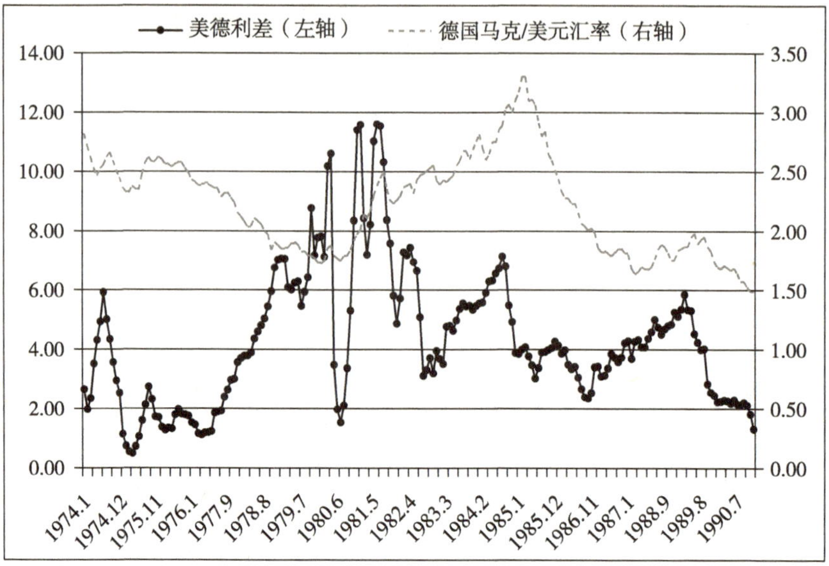

图 5-2　1974-1990 年美德利差与汇率图

数据来源：CEIC 数据库。其中美元利率为联邦基金利率，德国马克利率为货币市场利率，均为月利率。马克/美元汇率为月平均数。

5.1.1.2　货币政策的调整

由图 5-2 可以看出，美联储此阶段的利率波动较为频繁，出现了先上升，后下降再上升再下降的走势，德国货币市场利率则出现反向的调整，二者显示出比较弱的相关性。由于德国中央银行在此阶段的货币政策目标是如何应对明显的经济衰弱，所以德国中央银行不断调低贴现率和伦巴德利率，贴现率由 1974 年的 6.5%开始下调，分 5 次下调至 1975 年 9 月中旬的 3.5%，相对于 1974 年的 6.5%下降了 46%；伦巴德利率降至 4.5%，相对于 1974 年的 8.5%下降了 47%。

1975 年中期，为了提高就业率和经济增长率，中央银行需要实行宽松的货币政策，但是石油价格的上涨导致的通货膨胀令人担忧，中央银行建立了一个中央银行货币量增长率的中间变量目标，这样既能向人们传达宽松的货币政策的信号，又不至于使人们担心货币会失去控制。由于利率的不断下调，到了 10 月，中央银行货币量的增长率已经达到 10%，第一年中央银行没有实现增长率为 8%的目标（如表 5-1 所示）。1977 年，中央银行宣布坚持稳定的货币政策，并把年均目标定在 8%，用以减缓货币扩张的速度。但是一旦预定的经济增长率无法实现，货币政策稳定的目标就居于次要地位。

表 5-1　1975—1989 年德国货币政策执行情况

年度	中间目标	实际增长率	目标是否达到
1975	8%	9.5%	否
1976	8%	9.2%	否
1977	8%	9.0%	否
1978	8%	11.4%	否
1979	6-9%	6.4%	是
1980	5-8%	4.8%	是
1981	4-7%	3.5%	是
1982	4-7%	6.0%	是
1983	4-7%	7.0%	是
1984	4-6%	4.7%	是
1985	3-5%	4.5%	是
1986	3.5-5.5%	8%	否
1987	3-6%	8%	否
1988	3-6%	6.7%	否
1989	5%	4.6%	否

资料来源：Deutsche Bundesbank. 来自 1975-1989 年德国中央银行各年年报。Report of the Deutsche Bundesbank for the Year 1975-1989.

此时期由于石油危机的冲击，德国经济进入经济紧缩阶段，德国中央银行旗帜鲜明地把刺激经济增长放在首位，尽管通胀和货币升值同时出现，中央银行依然制定了较高的货币增长率，并不断降低贴现率和伦巴德利率来刺激经济增长。这段时期，浮动汇率的放开使得德国马克不断升值，但德国中央银行显然没有将汇率目标纳入货币政策目标范围。马克的升值伴随着资本的大量流入，特别是其他投资规模增大，但德国暂时进行管制，德国凭借欧洲货币联动机制，很大程度上避免了投机资本的攻击。理论分析表明，降低利率同时伴随着货币升值有可能实现刺激经济增长的效果，德国此阶段的政策操作符合这一分析。

5.1.2　1979-1981 年：紧缩的货币政策

5.1.2.1　通胀的经济背景

1979 年初的经济形势相当的好，1978 年德国 GDP 增长率为 3%，到了 1979 年为 4.2%，同时伴随强劲的投资、生产能力的高利用率，以及高的就业率（失业率为0.8%)。但是通货膨胀率不容乐观，之前货币增量就在不断增加，到了1979年通胀率为4.1%。1978年，底石油生产大国伊朗国内爆发革命导致石油产量锐减，国际油价在1979年开始暴涨，加上之前宽松的货币政策导致了德国的高通胀率。特别是1978年，实际货币增长率达到11%，远远超出当年中央银行定下的8%的目标。但在国际比较中，特别是与美国相比，德国的通胀率依然比较适中。

5.1.2.2 马克贬值

由图5-2可以看到，美元的贬值趋势在1979年3月出现了拐点，美元有了小幅升值，随后美元兑德国马克的汇率又出现了小幅震荡，但1980年8月汇率变为1.79，德国马克进入持续贬值的通道。

1980年马克汇率的变化主要是由于经济衰退引起的经常账户的逆差。进口商品价格的大幅增长，特别是能源价格导致了德国经常项目账户在1979年第一次出现了逆差，并持续到1981年。但是1980-1981年，经济增长放缓并且伴随周期性衰退的到来，使1980年德国的实际GDP增长率为1%，失业率上升到0.8%。到1980年经常账户逆差扩大到240亿德国马克。从1980年起，德国马克开始走弱，特别是对美元和欧洲货币单位大幅贬值。

5.1.2.3 向外倾斜的货币政策

1979年年初，由于通胀压力和经常账户逆差，中央银行改变货币政策立场，开始实施紧缩的货币政策，1979年年初紧缩性的货币政策没有出什么问题，但是石油危机出现并伴随着经济增长的放缓，面对这种形势，联邦德国按常理应该采取放松银根、刺激经济的对策，但中央银行反而进一步加强了紧缩性货币的措施，不断提高贴现率，将贴现率从1979年1月的3%提到1980年的7.5%。在此阶段，美联储也不断调高利率，虽然从1980年6月起，美联储利率有波动的趋势，但总体来说，德国中央银行利率和美联储利率表现出较强的相关性。

在这个时期，德国中央银行把稳定物价和改善外部环境目标当作政策的中心，把经济增长放在次要位置，这是基于“如果没有货币政策的稳定，那么经济不可能有长期稳定”的正确认识上。改变经常账户逆差和抑制马克的贬值变成货币政策新增的目标范围。1979年通货膨胀率为4.2%，1980年的通胀率为5.4%，这需要紧缩的货币政策，同时利率的提高可以吸引资本的流入，使马克升值。在内外部目标的调整上，紧缩的货币政策使二者可以同时实现。如图 5-2 所示，德国马克汇率由 1980 年 2 月的 1 美元兑换 1.74 德国马克贬值为 3 月的 1 美元兑换 1.85 德国马克，德国中央银行在 3 月将贴现率由 7%提高至 7.5%，伦巴德利率由 8.05%提高至 8.61%。4 月，美元开始贬值，到了 1980 年 8 月贬值为 1 美元兑换 1.79 德国马克。这显示出利率调整对汇率的干预效果。到 1981 年，紧缩的货币政策使得通胀率下降为 4.1%，经常账户也在 1982 年恢复了顺差。

提高利率同时货币贬值，此时可能实现抑制经济增长的作用。此期间德国经历了第二次石油危机，物价上涨与经济增长放缓同时出现，同时德国经常账户出现了逆差，德国马克也出现了贬值的现象，德国中央银行实施了紧缩的货币政策，这能体现央行防止通货膨胀的决心，同时也实现了改变经常账户逆差与抑制马克贬值的效果。

5.1.3　1982-1985 年：宽松的货币政策

5.1.3.1　良好的经济环境

1979-1981 年间紧缩的货币政策使得通胀率开始下降，1982 年为 4.6%，但是到了 1983 年稳定下降为 2.8%，1984 年为 2.0%，1985 年为 2.1%。同时外部环境也发生了改善，1982 年德国经常账户变逆差为顺差，能源危机的结束，以及国内经济的走弱造成对进口需求的减少，使随后的几年德国的经常账户保持了顺差。

5.1.3.2　贬值的德国马克产生了经常账户顺差

此期间德国马克兑美元依然为贬值趋势，从 1982 年到 1985 年持续贬值，汇率由 1982 年 1 月的 1 美元兑换 2.29 德国马克持续上升至 1985 年 1 月的 3.17 德国马克，马克的贬值伴随着资本的流出。资本流出规模不断增大，由 1982 年的 6.8 亿美元增加到 1985 年的 193 亿，其中其他投资流出规模增大。但是贬值的马克促进了德国的出口，经常账户出现了连续的顺差，同时证券投资流入规模也增加。因此，德国中央银行的货币政策把改善马克贬值放在了次要位置，全力促进国内经济的增长。

5.1.3.3　刺激增长的货币政策

1982 年，全球经济经历周期性的不景气，德国实际 GDP 为-0.4%，失业率上升到 2.1%。在这样的环境下中央银行的政策重心向刺激经济复苏倾斜。1982 年之前紧缩的货币政策使得通胀率和通胀率预期均下降，同时伴随着世界经济的衰退，使这种宽松的货币政策没有影响到货币的稳定性，并仍能实现当年的货币政策目标。1982 年中央银行再次减息，到了 1983 年年初，德国中央银行采取其他措施来增加流动性。

中央银行的首要目标是刺激经济增长，因此降低了贴现率和伦巴德利率，其货币政策中没有改善马克贬值的目标，但由于德国宽松的货币政策和美国同时实行，所以两国的利率表现出较高的相关性，德国货币政策表现出较低的独立性。但这并没有影响货币政策发挥良好的作用。

经过了三年缓慢的经济增长，1983 年的德国经济开始复苏。实际 GDP 为 1.8%，尽管当年的失业率仍然高达 3%。到了 1984-1985 年间，德国经济保持了持续增长的势头，当时的世界经济也开始强劲增长，国外的需求进一步促进了经济的增长。实际 GDP 的增长率 1984 年为 2.8%，1985 年为 3.2%。经过一段时滞，劳动力市场也从这新增的就业中收益，尽管由于结构性的原因失业率依然超过 8%。中央银行继续坚持稳定物价的货币政策，并且在 1982-1985 年实现了这一目标。

此阶段出现货币贬值伴随利率下降的政策组合，尽管由于美联储调整联邦基础利率的方向与德国中央银行一致，德国中央银行的货币政策表现出较低的独立性，但是这样的组合显然对刺激经济增长最有效。

5.1.4 1986-1990：多重目标的货币增长和逐渐的紧缩回归

5.1.4.1 良好的经济环境

1986 年到 1990 年总体来说经济形势大好，实际年均 GDP 增长率达到 2.5%，1989 年到最高点 3.9%。就业扩大，并且失业趋势减小，尽管由于结构问题，失业率依然相对较高，为 2.2%。最初德国和全球的通胀率都保持稳定。但如果考虑到货币存量和国内外需求的迅速增加，收缩的储备规模，以及全球对通胀的纵容态度，通胀也开始在德国显现出来。1989 年，通胀率达到 2.8%，相对当时发达国家平均通胀率 4.3%，仍然较低。

5.1.4.2 升值的德国马克

20 世纪 80 年代初期，美国货物贸易逆差大幅增长，造成美国国际收支失衡。

美国希望通过增加产品出口竞争力的手段来改善国际收支状况，其方法是让美元贬值，或者让其他国家货币升值。由于德国经常账户的顺差过大，导致了来自国际的批评，1985 年广场协议之后，德国马克持续升值，按年平均汇率比较，1988 年与 1984 年相比，德国马克兑美元汇率上升 61%。这种趋势在 1988 年底至 1989 年初发生变化，到了 1989 年第二季度又重演这一幕。由图 5-2 可以看到，1987 年 11 月，美德利差由 10 月的 3.55%下降为 3.14%，美元汇率也由 1.8 贬值为 1.68，短期内汇率下降的原因是德国中央银行没有执行“卢浮宫协议”，提高了利率，减小了与美国的利差，从而危及了美元汇率。

5.1.4.3　多重目标的货币政策

资本流动在 1986-1987 年间出现流入增加趋势，1987-1988 年又大幅外流，1988 年以后又开始回流。其中 1987 年其他投资的流出较 1986 年大大减少，由 512 亿美元减少至 198 亿美元。资本流入的增加与 1985 年的广场协议密切相关，马克的短期升值吸引了投机资本的流入。大量的资金流入和德国马克的升值压力迫使德国中央银行通过降低再贴现定额和提高准备金率的手段回笼了 120 亿流通中的货币，但贴现率、伦巴德利率和再回购利率同时被降低了半个百分点。中央银行要传递给大众这样一个信号：提高准备金率和降低再贴现定额并不是货币紧缩的信号，而仅仅是吸收购买力。

1986 年马克的升值导致大量的资本流入德国，促使中央银行不得不忍受货币的快速增长。但由于下降的能源价格，德国的通货膨胀率反而下降。1986 年通胀率为 2.9%，1987 年下降为 1.3%。因此德国中央银行坚持执行放松的货币政策来促进经济的增长，升值问题没有对德国的货币政策构成太多困扰。

1987 年西方七国在巴黎卢浮宫召开会议。会议达成了稳定美元、日元、德国马克之间汇率水平的协议，史称“卢浮宫协议”。可以说此时各国间的利率与汇率政策的相互协调与德国国内的经济目标没有发生冲突。“卢浮宫协议”以后，为了防止美元汇率的再次下跌，德国中央银行于 1987 年 1 月降低法定利率，达到 3%。伦巴德利率为 4.5%，贴现率为历史最低点 2.5%。到了 1987 年后半年，德国摆脱了由于汇率升值所带来的压力，经济开始趋于好转（1987 年 GDP 增长率为 1.4%，1988 年为 3.7%），与此同时，经济中潜在的通货膨胀压力也在增加（1988 年通胀率上升至 1.7%，较 1987 年上升了 21%）。此时，德国中央银行面临着是根据卢浮宫协议维持低利率，还是为抑制国内可能发生的通货膨胀，采取提高利率政策的矛盾选择。德意志中央银行选择了后者，在1987年10月14日将短期利率提高到3.6%，15日再次提高到3.85%，这一措施缩短了与美国的利差水平，由此危及了美元汇率的稳定，结果引发了1987年10月19日美国的股市暴跌。德国中央银行仍然坚持执行紧缩的货币政策，在1988年上半年提高了再回购利率和基础利率，再回购利率从3.25%提高到1989年年底的7.3%，是自1982年以来的最高水平。这显示出央行抑制通货膨胀的决心。

1985年广场协议以后德国不断调低利率，与美国利率的相关性下降。但是卢浮宫协议后，德国根据协议调低利率，而美国则调高利率，1987年底德国不再维持卢浮宫的低利率协议，货币政策目标转向抑制国内的通货膨胀苗头，因此提高了利率，德国抵制美国的压力，完全关注于国内政策目标，收到了良好的效果。

分析1974-1990年德国货币政策执行的情况我们可以看出，尽管德国货币政策在很多年份受到美国货币政策影响，而且还由于马克升值、资本流动等问题使货币政策不得不关注外部目标，德国货币政策的独立性受到很大程度的影响。但是德国的经历与第四章的理论分析表现出一致性，即在货币升值时实施宽松的货币政策，货币贬值时实施宽松的货币政策都能有效地刺激经济增长。德国在此阶段出现了良好的经济状况，为了更好地验证三元悖论中间状态下货币政策的效果，可以从实证的角度来检验1974-1990年德国货币改革的有效性，以期得到更准确的结论。

5.2 德国货币政策有效性检验

第三章中我们通过格兰杰因果检验的方法分析浮动汇率制度下德国货币政策的独立性，结果是1974-1990年美国利率是德国利率变化的原因，德国利率不是美国利率变化的原因，从而得到此阶段德国货币政策失去部分独立性的结论。

但是货币政策独立性不保证货币政策的有效性，货币政策独立与货币政策有效之间可能隔着“千山万水”（孙华妤，2004）。同样，独立性部分缺失的货币政策也能有效调节经济。基于第四章对三元悖论中间状态货币政策效果的分析，以及1974-1990年德国经济情况的较好表现，应对此时期德国货币政策的有效性进行检验，从而更充分地说明三元悖论中间状态也能实现货币政策对经济的有效调节。

5.2.1 数据的选取

由于M-F模型分析的是短期内货币政策调整对经济的影响，因此假设价格不变。但是在长期内，依据货币数量理论，货币数量的增加会导致价格的上涨。因此检验德国货币政策的效果必须考虑货币政策调整对物价的影响。德国中央银行一向有抑制通胀的传统，《德意志联邦银行法》中明确规定德意志联邦银行的首要目标是维护价格稳定。除此之外，德国中央银行与其他国家的中央银行一样，把刺激经济增长作为货币政策的主要目标。1975年，德国中央银行开始使用中央银行货币增长率作为货币政策的中介目标，其目的是为了发出稳定导向的信号。[①] 中央银行货币量是德国中央银行最重要的货币指标，它包括非银行和银行手中的现金以及按1974年1月固定的最低准备金率计算的银行对国内非银行负债的最低准备金额。[②] 从作用来看，德国中央银行货币量增长率目标的设立主要是为了控制物价，利率目标则更倾向于产出。由于二者目标值设立时往往有冲突性（降低利率可以刺激产出，但是会导致通胀的产生，控制中央银行货币增长速度可以降低通胀率，但是也抑制产出），因此本书通过建立物价、产出和利率的误差修正模型以及物价、产出与中央银行货币增长率的误差修正模型，分别检验利率对产出和物价以及中央银行货币增长率对产出和物价的影响。

关于货币政策有效性的检验，本书检验利率、中央银行货币增长率对产出和物价的影响，数据频率为季度，所有数据均来自国际货币基金组织IFS数据库。国内生产总值为y，消费价格指数为p，利率记为r，中央银行货币增长率为m。除利率与中央银行货币增长率外，国内生产总值和消费价格指数均取对数，为保证数据的可信性，产出和物价都经过季节性平滑处理。

5.2.2 德国物价、利率、产出的误差修正模型

5.2.2.1 单位根检验

为了避免谬误回归，我们首先采用比较普遍的ADF检验法来检验各变量时间序列季度数据的单位根，原假设H0代表时间序列存在单位根过程，所有变量的检验结果如表5-2所示：

---

① Deutsche Bundesbank: Fifty years of the Deutsche Mark: central bank and the currency in Germany since 1948 [M]. Oxford: Oxford University Press, 1999: 434.

② 裘元伦.裘元伦文集［M］.上海：上海辞书出版社，2001：157。

表 5-2 各变量的单位根检验

变量	检验形式	ADF 统计量	5%临界值	10%临界值	结论
r	I (0)	-1.637765	-2.906210	-2.590628	不能拒绝 H0，非平稳
	I (1)	-7.007340	-2.906210	-2.590628	拒绝 H0，平稳
p	I (0)	-1.813886	-3.478305	-3.166788	不能拒绝 H0，非平稳
	I (1)	-8.839117	-3.479367	-3.167404	拒绝 H0，平稳
y	I (0)	-1.182040	-3.478305	-3.166788	不能拒绝 H0，非平稳
	I (1)	-9.253113	-3.479367	-3.167404	拒绝 H0，平稳
m	I (0)	-0.723315	-1.946161	-1.613398	不能拒绝 H0，非平稳
	I (1)	-8.237416	-1.946161	-1.613398	拒绝 H0，平稳

5.2.2.2 协整检验

对 r、p、y 和 m、p、y 两组数据分别进行协整检验，发现这两组数据都至少存在一对协整关系。

表 5-3 利率、中央银行货币增长率、产出和物价的协整检验结果

变量组	没有协整关系的概率（prob）	结论
r、p、y	0.0006	存在协整关系
m、p、y	0.0045	存在协整关系

由于各变量是非平稳的，且存在协整关系，本书可以建立误差修正模型，探讨产出和物价的变动是否由于利率和中央银行货币增长率的变动来解释。由于本检验只考察货币政策的有效性，所以仅列出不同滞后阶数[①]的利率变动对产出和物价的影响系数及 t 检验结果，具体数值如表 5-4 所示：

表 5-4 利率、物价与产出的 VEC 模型检验结果

	Δp	Δy	Δr
$Ecm-1$	0.019830	0.026423	-2.154708
	[3.02813]	[1.10649]	[-1.44988]

① 本文根据施瓦茨信息准则（SC）作为滞后结束判断的标准。

续表

	Δp	Δy	Δr
$\Delta r-1$	0.000410	0.001457	0.199393
	[0.68856]	[0.67202]	[1.47734]
$\Delta r-2$	-1.79E-05	-0.005495	0.118949
	[-0.03619]	[-3.04222]	[1.05828]
$\Delta r-3$	-0.000212	-0.001539	0.221332
	[-0.49273]	[-0.98034]	[2.26526]

注：括号内为t统计量。

利率变动的1阶滞后对产出变动的影响是正的且不显著，但利率变动的2阶滞后对产出变动的影响是负的，且显著（t检验值为-3.04），3阶滞后对产出变动的影响依然为负，但已经不如1阶显著。这说明利率可以发挥政策工具作用，调节产出，但可能是由于利率传导存在一定的滞后，利率变动的1阶滞后对价格变动的影响是正的且不显著，2阶滞后对价格变动的影响也是负的，但不显著。这说明利率对物价的调整滞后，有一定效果但作用有限。

表5-5　中央银行货币增长率、物价与产出的VEC模型检验结果

	Δp	Δy	Δm
$Ecm-1$	0.006597	0.007469	0.146639
	[1.46902]	[0.43325]	[5.02165]
$\Delta m-1$	0.354540	0.431077	5.913004
	[1.64482]	[0.52102]	[4.21890]
$\Delta m-2$	0.352019	0.487346	-2.624900
	[1.71675]	[0.61918]	[-1.96875]

如表5-5所示，中央银行货币增长率变动的1阶滞后对物价变动影响为正且较为显著（t检验值为1.6），2阶滞后对物价变动的影响也为正且显著（t检验值为1.7），这说明中央银行可以通过控制货币增长率来达到调控物价的目的。中央银行货币增长率变动的1阶、2阶滞后对产出变动的影响也是正的，但不显著，这说明通过控制货币增长率，中央银行可以一定程度地调整产出，但是作用有限。

总体来看，德国中央银行运用利率调整产出的作用在滞后 2 阶较为显著，对物价的调整作用有限。对于中央银行来说，运用利率、准备金率来调节经济，往往是从较长时期考虑影响银行对流动资金的需求以及供给，从而影响信贷市场的规模，来达到刺激或者抑制经济增长的目的。实证分析表明，德国运用利率调整产出的作用出现时滞，符合利率调节产出的特点。由于德国商业信贷机构在德国资金循环中起着资金中介的主要作用（以 1984 年为例，除了银行系统本身控制了金融部门货币资产的 80%，国内非金融部门的全部货币资产中，存在银行的货币资产占了 49.9%，全国非金融部门的全部债务中，有 60.4%是银行贷款），银行成为信贷市场上控制资金的主要渠道，因此中央银行的利率政策才能发挥显著的作用。

德国中央银行通过控制中央银行货币增长率来调控物价效果明显，但对产出的影响不显著。从 1974-1990 年的历史来看，中央银行在开始的 1975-1978 年货币增长超过目标值，在随后的 7 年里（1979-1985 年）都达到了预定的目标。1986-1990 年又超出目标值。但比较同一时期德国与美国、法国的通货膨胀率的变化情况，德国的通货膨胀率要低得多。德国中央银行货币量作为中央银行控制货币的主要目标，要比 M1、M2、M3 更容易控制，之所以设计中央银行货币量这一指标，就是因为构成中央银行货币量组成部分的“银行手中和非银行手中的现金”均由中央银行发行，而最低准备金比率由中央银行自己制定，因此，中央银行货币量比 M0、M1、M2 更容易控制。另外，德国通货膨胀率较其他发达国家通胀率低，还由于中央银行对稳定目标的重视。对德国 1974-1990 年的历史研究发现，德国的货币政策目标会随时间和经济环境不断变化，20 世纪 70 年代初，稳定物价是重要目标，但到了 70 年代中期，刺激经济增长成为主要目标，但为了不使物价失去控制，德国又引入了中央银行货币增长率目标。1986 年，德国经济本来有能力通过货币政策刺激经济进一步增长，而通货膨胀率甚至有几个月出现了负增长，但是德国认为这主要是由于世界原材料价格下降造成，而并非国内经济本身价格的下降，因此德国采取措施抑制经济增长，稳定物价。德国中央银行的这种在稳定中增长的政策思想在稳定物价中发挥了重要作用。

5.3 小结

本章主要考察了 1974 年布雷顿森林体系解体后到两德合并前三元悖论中间

状态时期德国货币政策的有效性。关于货币政策的有效性，本章使用了误差修正模型（VEC）来检验利率、中央银行货币量增长率两种货币政策工具对产出和物价的影响。主要结论是：利率对产出有显著影响，且存在滞后期，中央银行货币增长率对物价影响显著，这说明德国的货币政策工具在调节经济方面表现十分有效，这也与德国经济稳定增长的历史事实相符合。

从德国的历史来看，德国在治理通货膨胀方面很成功，国内学者往往将其归功于德国独立的货币政策。但是本章的研究表明，尽管 1974–1990 年德国处于货币政策不充分独立，汇率存在被动干预，以及资本管制措施不断调整的三元悖论中间状态，却仍然可以有效调节经济，货币政策有效性显著。而且，在 70 年代资本开放的背景下，货币政策都会受到汇率制度的影响，货币政策很难表现出充分的独立性，因此单纯以货币政策是否独立作为政策选择的标准，会导致决策上的失误。对一国经济体来说，货币政策方向的选择还是应该以能否有效调节经济，是否能实现经济长期稳定增长为标准。另外，德国中央银行对货币政策工具的控制力，以及在稳定中求增长的政策指导思想也非常值得我们借鉴。

对中国而言，目前我国正处于实行相对独立的货币政策、对外逐步放开金融市场并维持相对稳定的汇率体制的类型，而且将来我们会进一步放开人民币汇率的浮动空间，但是政策选择的依据应该是以一国经济长期稳定发展为标准，而并非为了实现货币政策的独立性。我们应该在政策选择上采取灵活的原则，并以货币政策的有效为目标，反对单纯为了追求货币政策独立性而放开汇率波动空间的思路和做法。

第六章　中间状态时期德国马克汇率与货币政策有效性

第四章的理论分析得出，汇率升值幅度的大小决定了对产出影响的大小。布雷顿森林体系解体后，德国、日本等一些西方国家开始实行浮动汇率制度。但是美国仍然在国际经济中处于强势地位。1985 年，为了解决美国巨额的经常项目逆差问题，五国集团签订了“广场协定”，德国马克、日元被迫对美元升值，但是两国的发展却出现了明显的差别：日本在 20 世纪 90 年代经济陷入低迷，德国尽管经历了两德统一的冲击，却仍然实现了经济的平稳过渡。对比德日两国的汇率波动情况，发现德国马克汇率波动较日元稳定，这印证了第四章汇率被动升值对经济影响的分析，导致德日两国汇率变化不同的原因值得我们深入研究，这将对维持人民币汇率稳定提供思路。

6.1 汇率升值后的经济后果

6.1.1 德日两国出口占 GDP 的变化率对比

德日两国汇率被动升值后，首先影响的是两国的出口。由图 6-1 可以看出，德国出口占 GDP 变动的幅度要小于日本。1985 年广场协议后，德日两国的出口都出现了下降，但下降幅度有很大不同，日本出口占 GDP 的比重在 1986 年较 1985 年下降了 21%，同一时期的德国只下降了 7%。除此之外，两国出口占 GDP 的波动程度也有差别，德国出口占 GDP 变化率最高值为 1981 年的 8%，最低值为 1986 年的-7%。日本出口占 GDP 变化率最高值为 1980 年的 18%，最低值为 1986 年的-21%。明显看出日本出口占 GDP 的波动幅度大于德国的波动幅度。

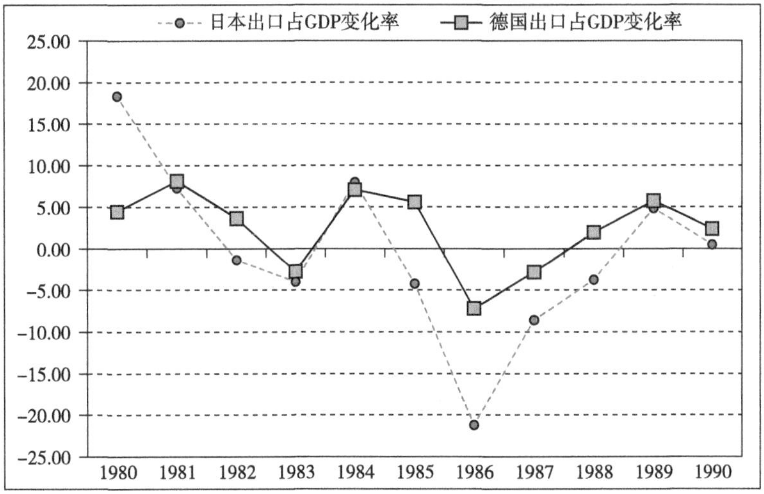

图 6-1　德日两国出口占 GDP 变化率

数据来源：World Bank。单位：%。

6.1.2　德日两国 GDP 的增长率对比

出口的变动影响了两国 GDP 的增长率。1980 年至 1990 年，日本 GDP 的增长率始终高于德国，但是 1985 年以后，两国的 GDP 增长率都出现了不同程度的下降，日本由 1985 年的 6.3%下降为 1986 年的 2.8%，下降了 3.5 个百分点，德国则下降幅度较小，由 1985 年的 2.38%下降为 1986 年 2.28%，下降了 0.1 个百分点。可以看出，升值对日本经济的增长影响程度更大。

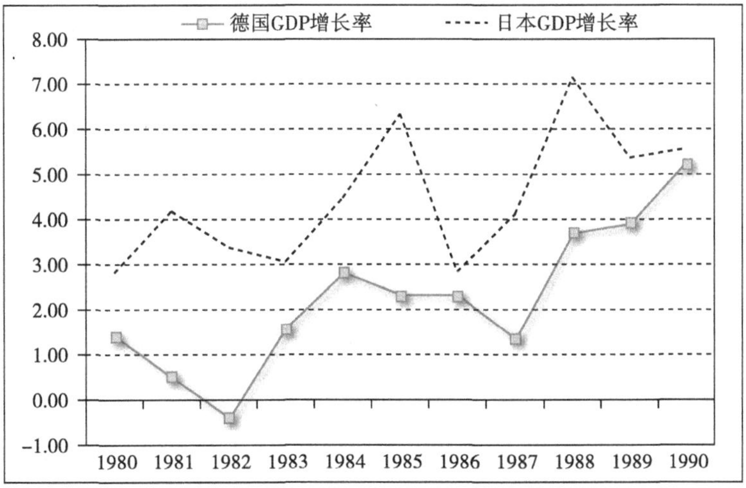

图 6-2　德日两国 GDP 增长率

数据来源：CEIC。　单位：%。

以上对比显示了广场协议对德日两国经济影响的不同。德国经济显然受广场协议的影响要远远小于日本，第四章的分析表明，升值幅度的大小决定了对产出影响的大小。升值幅度越大，产出下降的幅度越大。基于德国和日本在广场协议后出口和GDP下降幅度的不同，有必要对比两国汇率变化的情况，来验证升值幅度不同对经济影响程度的不同这一结论。

6.2 德日两国汇率比较

6.2.1 两国名义有效汇率的比较

图6-3可以看出，马克和日元的名义有效汇率从1980年开始都呈上升态势，1990年与1980年相比，马克的名义有效汇率升值了24%，德国马克的名义有效汇率方差为7.56。日本的名义有效汇率上升了86%，名义有效汇率的方差是11.9。从总体上看，日元名义有效汇率的升值幅度远远大于马克，同时波动性也要比马克剧烈。

1980年初到1986年底，马克名义有效汇率升值了16.7%，日元名义有效汇率升值了77%，1987年初到1990年底，马克名义有效汇率上升了2%，日元的名义有效汇率上升了4%。

以上分析可以看出，不论是从总体趋势还是分阶段的考察，日元的名义有效汇率都较马克升值更多，而且波动性更大。

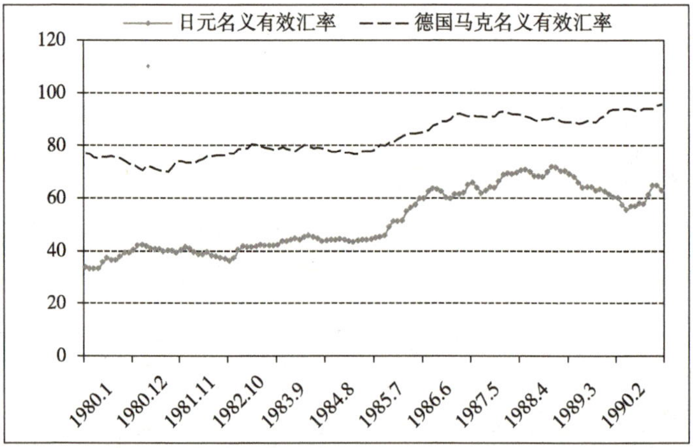

图6-3 德国马克、日元名义有效汇率比较

数据来源：BIS国际清算银行，2005=100，月度数据。

6.2.2　两国实际有效汇率的比较

从图 6-4 上可以看出，德国马克实际有效汇率曲线较日元曲线更平稳。1990 年与 1980 年相比，马克实际有效汇率下降了 11%，日元的实际有效汇率升值了 35%。马克的实际有效汇率的方差为 3.9，日元的实际有效汇率的方差是 14.75。

1980 年初到 1986 年底，马克实际有效汇率下降了 10%，日元实际有效汇率上升了 42.9%，1987 年初到 1990 年底，马克实际有效汇率下降了 3%，日元的实际有效汇率上升了 6%。

以上数据表明，无论是从长期趋势还是基于不同时间段的考察，马克的变化幅度都较日元更小，而且在 1980-1986 年德国经常账户飞速增长的阶段，马克的实际有效汇率呈稳定下降趋势。与日元的实际有效汇率相比较，德国马克升值幅度和波动性都更小。

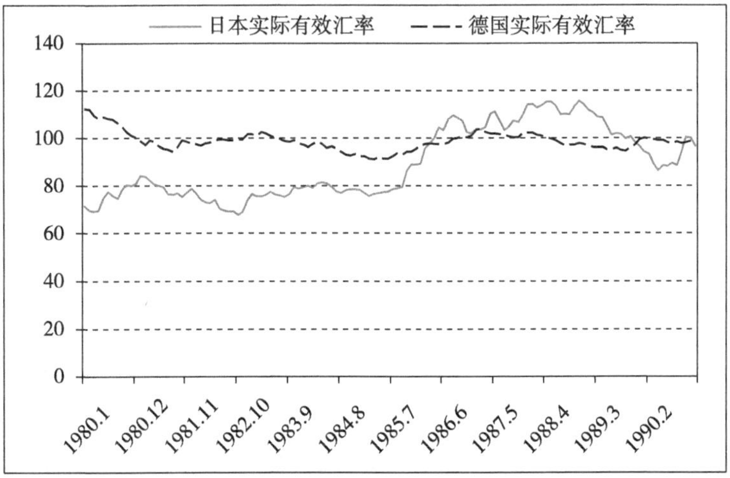

图 6-4　德国马克、日元实际有效汇率比较

数据来源：BIS 国际清算银行，2005=100，月度数据。

6.2.3　两国名义汇率比较

由图 6-5 可以看出，德国马克兑美元经历了先贬值后升值的过程，日元兑美元则前期相对平稳，1985 年开始进入升值通道。1990 年与 1980 年相比，马克兑美元升值了 10.9%，日元兑美元升值了 36%。从波动性来说，马克兑美元的汇率标准差为 0.45，日元兑美元汇率的标准差为 48.5，日元波动性远远大于德国马克。

1980年到1986年广场协议前，马克兑美元贬值了19%，日元对美元升值了26%，1986年到1990年广场协议后，马克对美元升值了25%，日元兑美元升值了14%。

以上分析可以看出，除了在广场协议以后日元兑美元名义汇率升值幅度小于马克外，总体来说，80年代德国兑美元汇率升值马克的幅度要小于日元。

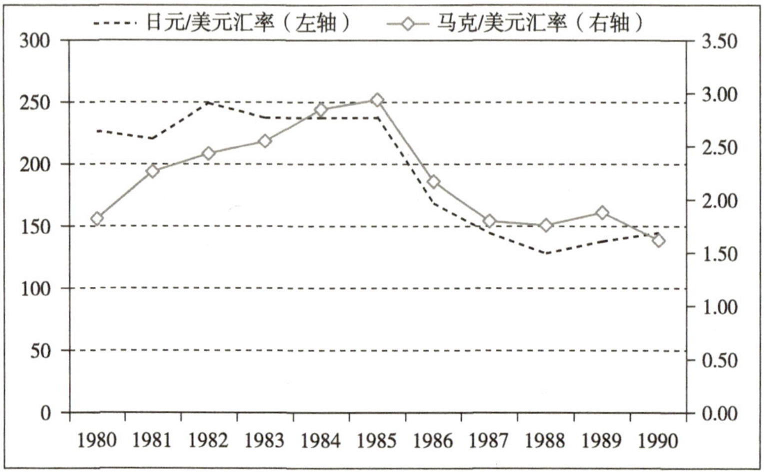

图 6-5　马克/美元、日元/美元汇率比较

数据来源：国际货币基金组织IFS数据库，日元/美元汇率与马克/美元汇率均为当年年均名义汇率。

对德国和日本汇率的研究发现，无论是名义有效汇率、实际有效汇率还是两种货币兑美元的汇率，马克的升值幅度都要比日元小，而且要比日元更加稳定。如表6-1所示，1980-1986年，德国马克兑美元汇率升值的幅度要小于日元，马克的实际有效汇率和兑美元汇率还出现了贬值，而同期日元的实际有效汇率升值了42.6%。广场协议后，马克的实际有效汇率出现了贬值，幅度达到3%，同时期的日元则升值6%。

表 6-1　马克与日元汇率变化表

时间段	名义有效汇率		实际有效汇率		兑美元汇率	
	马克	日元	马克	日元	马克兑美元	日元兑美元
1980-1986	16.7%	77%	10%↓	42.6%	19%↓	26%
1986-1990	2%	4%	3%↓	6%	25%	14%
1980-1990	24%	86%	11%↓	35%	11%	36%

注：“↓”表示贬值，其他数据均表示升值。

以上分析可以看出，在 1980-1990 年马克的升值幅度要远远小于日元，德国和日本在汇率变化后出现了大相径庭的结果，这对应了第四章分析的汇率变动对经济的影响。但是，为什么同是承受来自美国的升值压力，两国的汇率变化却如此不同？这需要结合历史背景分析深层次的原因。

6.3　德国马克汇率浮动因素分析

6.3.1　德日两国承受的升值压力比较

20 世纪 70 年代布雷顿森林体系瓦解后，大多数国家由固定汇率制度转向浮动汇率制，国际货币体系处于调整变革阶段。虽然美元不再与黄金挂钩，但是美国因为其经济实力，仍然是世界头等经济大国。美国依然可以在经济和政治上对其他国家施加压力。

1971 年，美国出现了 19 世纪以来第一次经常项目逆差，这引发了对美元的不信任，最终导致了布雷顿森林体系的瓦解。在此之后，美国经常项目赤字虽然在个别时点上有所回调，但总体趋势仍表现为逆差规模越来越大。图 6-6 显示了 1980-1990 年美国的经常账户占 GDP 比重的变化情况。可以看出，美国经常账户在 20 世纪 80 年代一直处于逆差状态，且在 1982-1987 年，美国经常项目赤字急剧扩大，最高达到 GDP 的 3.39%。

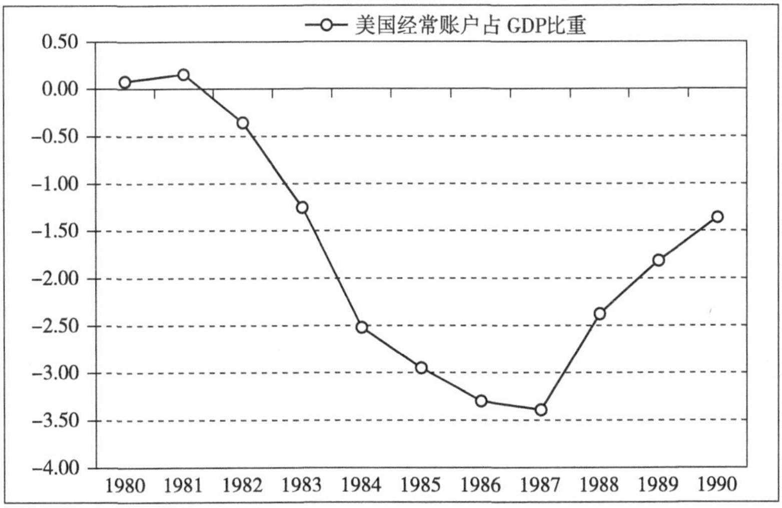

图 6-6　美国经常账户余额占当年 GDP 比重

数据来源：国际货币基金组织 IFS 数据库；单位：%。

美元升值是20世纪80年代美国经常账户赤字急剧扩大的主要原因。1979年，第二次石油危机引起美国能源价格大幅上扬，美国消费物价指数快速上涨，美国通货膨胀率超过两位数。为了抑制通胀的进一步加剧，美国开始实施紧缩的货币政策，连续三次提高美国联邦基金利率，高利率吸引了大量的国外资本，美元开始升值。同时美国出现政府预算赤字，里根政府开始实行政策并增加国防开支，使真实利率上升，加大了美元资产对外国投资者的吸引力，美元进一步升值。从1979年到1985年，针对十个主要国家的美元真实贸易加权值上升73%。1980年到1983年，美元兑马克上升了40%，兑英镑上升了50%，70年代美元与日元的兑换比率下降了37%①。

美元大幅度升值引起美国的贸易逆差加速扩大，美国商品的出口竞争力下降，进一步扩大到外贸赤字的危机。贸易收支的失衡使美国寄希望于用美元贬值或者逼迫竞争对手货币升值的办法，来提高本国出口商品的国际竞争力，通过扩大贸易顺差或者缩小贸易赤字来带动经济增长。

20世纪70年代布雷顿森林体系瓦解后，国际货币基金组织在汇率监管上的权威完全消失，汇率问题重新成为主权国家范围内的事情。各国开始尝试通过其他形式的宏观经济合作来协调国家间的汇率问题。1973年3月美国财政部长乔治·舒尔茨邀请英、法、德、日四国财长讨论美元贬值问题。这就是最初的“五国集团”。1975年11月，法、美、德、日、英、意六国领导人在法国巴黎郊外的朗布依埃举行了首次最高级经济会议。1976年6月加拿大作为新增成员与其他六国一起形成了“七国集团”。从1977年起，欧洲共同体（1994年后为欧洲联盟）委员会主席也应邀参加会议。此后，七国集团会议作为一种制度固定下来，每年一次轮流在各成员国召开。G7机制在全球经济协调与发展中发挥了不可或缺的作用，同时G7会议的谈判是一个力量较量的过程。尽管布雷顿森林体系后美国地位有所下降，但是从总体实力来看，美国仍然是在G7中最有话语权的国家。

布雷顿森林体系解体后，我们可以发现在经济和政治实力上处于强势的美国会经常性地对其他国家施加压力，要求对方调整宏观经济政策，从而减轻本国政策调整的成本。当美国的经常账户逆差规模过大时，逼迫其他国家调整汇率对美国来说显然是成本最小的对策。G5、G7会议成为协调宏观经济的场所，80年代美国巨额的贸易逆差，使美国把协调的焦点首先放在美日关系上，其次是西德，

---

① 刘昭阳．美元，历史与现实．银行家［EB/OL］（2005—4）［2014-3-2］．http：//ifb.cass.cn/show_news.asp？id=4340.

出于外交上的考虑，英法也加入。这样的顺序是依据当时的经济力量排序，也根据与美国之间的贸易摩擦的激烈程度①。

由于G7成员中的德国、法国、意大利同属于EMS（欧洲货币体系），德国在G7中拥有更多的谈判盟友（德国马克是中心货币，EMS其他成员国货币与马克维持固定汇率，EMS成员国对美元集体浮动），因此马克的升值不仅关系到德国，也涉及法国和意大利的利益。英国虽然是在1990年才加入EMS，后又由于英镑危机退出该体系，但英国在1973年就加入了欧共体。无论从历史还是地理位置来说，英国与EMS成员国都有着千丝万缕的联系，而且EMS成员国还是英国重要的贸易伙伴。80年代，英国从欧盟国家的进口占从全球进口的40%左右，1990年达到49%。英国从美国的进口则只占从全球进口的10%左右。EMS成员国汇率的上升，对英国的进口影响巨大，因此，英国在汇率问题上更倾向于支持德国。

反观日本，在谈判中则显得势单力孤。首先，从地缘上看，日本是唯一进入七国集团的亚洲国家，日本的文化和历史背景与其他集团国家有很大不同，日本很难从文化上找到对他认同的盟友。其次，日本与欧盟国家在经济上有竞争，日本是德国最大的贸易竞争对手，德国与其同盟国都希望看到日元升值的局面。最后，从对美国贸易顺差引发的压力来说，日本必须独自承受，而德国由于很大一部分压力被其他成员国共同分担，德国与美国之间的矛盾也要比日本缓和得多。

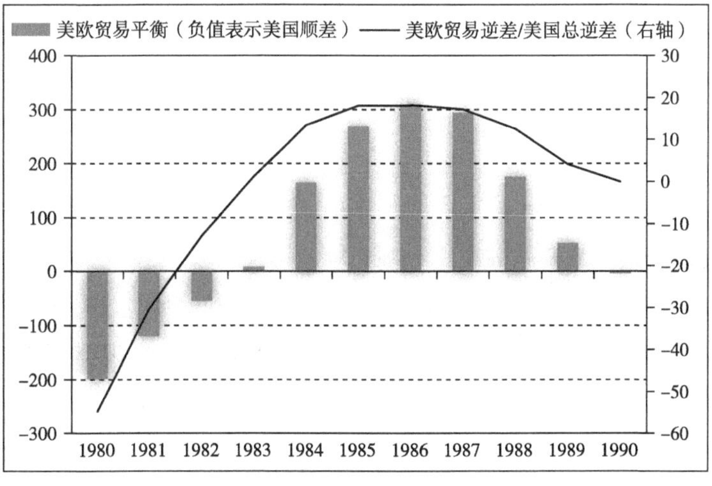

图6-7　美国对欧盟进出口情况

数据来源：CEIC数据库。数据结果经作者计算所得。

① 泷田洋一. 日美货币谈判——内幕20年［M］. 北京：清华大学出版社. 2009（7）：114.

图 6-7 表明，在 1985-1987 年，美国与欧盟的贸易逆差占美国全部贸易逆差的比重在 18%左右徘徊，这导致美欧之间的贸易摩擦相对频繁和尖锐。这也引发了美国与欧洲国家就解决经常账户逆差问题的谈判。

美国对德国的贸易逆差占美国全部贸易逆差的比重始终低于 10%，明显低于如图 6-7 中显示的美欧之间的水平。这也表明，德国作为欧盟成员之一，并未单独承担美欧之间贸易不平衡调整的“重任”。

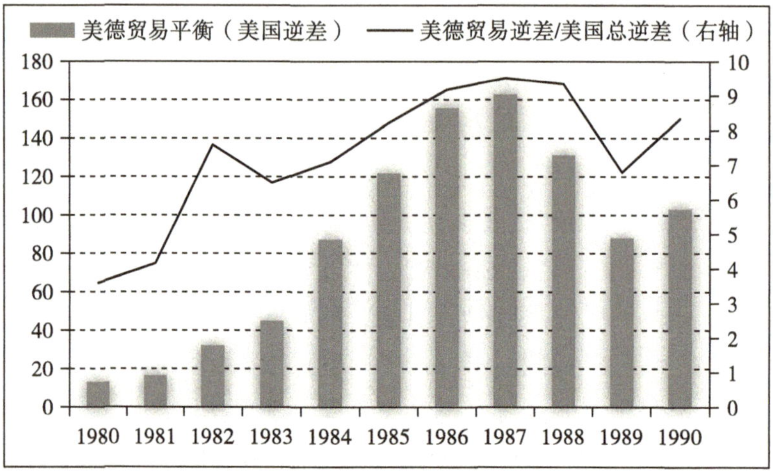

图 6-8 美国对德国进出口情况

数据来源：CEIC 数据库。结果经作者计算所得。

对比图 6-9 日本的情况，我们发现，日本对美国的贸易逆差在美国总的贸易逆差中占有很大比重，1985-1987 年在 35%左右徘徊，尽管相对于 80 年代初（1981 年为 45%），这个数字已经大大下降，但是由于日本在亚洲没有同盟伙伴，日本承受来自美国的压力远远大于德国。

基于以上原因，日本在 G5 会议中的谈判要比德国孤立，因此承受来自美国的压力也更大。这一点在 1985 年广场协议的谈判过程中表现得尤为明显。德国经常账户顺差占 GDP 的比重在 1986 年甚至超过了日本，可是在广场协议的声明中美国显然更加关注日本的经常账户顺差，认为德国的经常账户问题没有日本那么严重（to a lesser extent Germany）。同时，在汇率调整问题上，广场协议的声明对德国马克没有升值要求，而明确要求日元调整以充分反映日本经济的基本面

(fully reflects the underlying strength of the Japanese economy)①。

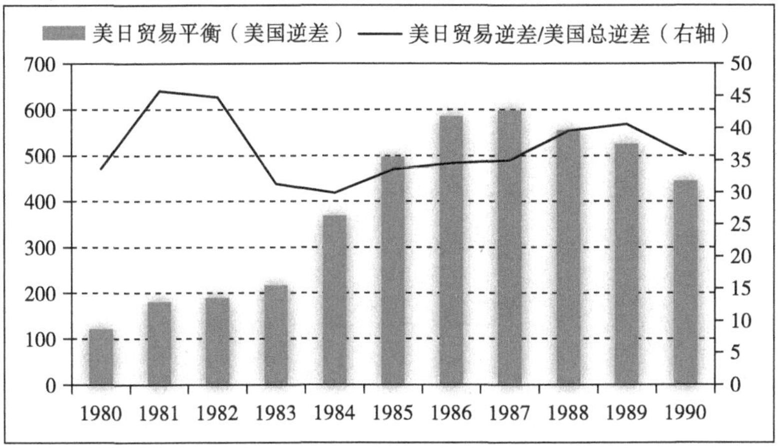

图 6-9 美国对日本进出口情况

数据来源：CEIC 数据库。数据结果经作者计算所得。

在对美元贬值的联合干预中，德国因为是 EMS 的一员而承担了较少的责任。美国期望通过美元贬值来改善经常账户赤字问题，美国的目标是使美元贬值 10%-12%，这需要 G5 各国的合作干预。广场协议的中心问题就是如何在参加国之间分配出售美元的份额。② 但考虑到干预不成功会导致“面子上过不去”（lose face），所以关于干预的内容没有写入声明中。就在此次会议上，五国集团的副手们分发了一份非正式报告，名为“对干预进行讨论的几点看法（list of points for Discussion on Intervention）”，与会者就这份非正式的报告展开了干预资金分配的讨论。美国原来的方案是，美日德各 1/4，英法各 1/8，“但欧洲人的另一个主意是美国和日本占大部分份额，比如美国 30%，日本 30%，剩下的 40%，或者说 35%到 30%由欧洲解决。”③ 根据英国财政大臣尼格尔·劳森记载的财长会议最后讨论的结果是：“美国和日本各负担 30%，德国负担 25%，法国负担 10%，英国负担 5%。”德国负担 25%是因为德国还代表没有加入 G5 的欧洲货币体系（EMS）的其他成员国④。

① Finance Ministers´ Meetings. Announcement of the Ministers of Finance and Central Bank Governors of France, Germany, Japan, the United Kingdom, and the United States (Plaza Accord) [EB/OL] (1985-9-22) [2014-1-12] http://www.g8.utoronto.ca/finance/fm850922.htm.

② 保罗·沃克尔/行天丰雄（日）. 时运变迁［M］. 北京：中国金融出版社. 1996（7）：252.

③ 泷田洋一. 日美货币谈判——内幕 20 年［M］. 北京：清华大学出版社. 2009（7）：126.

④ 泷田洋一. 日美货币谈判——内幕 20 年［M］. 北京：清华大学出版社. 2009（7）：135.

由此我们可以看出，广场协议的决议最终采纳了欧洲的意见。德国更多的是作为欧洲的一员参与了与美国的讨价还价，而且这25%的份额中还包括其他没有参加G5的EMS成员国。EMS体系以及在G5中拥有更多盟友使德国在谈判中获得更多的支持，德国在经常账户迅速增加的情况下，承受的升值压力远小于日本。德国的汇率因此相较日本来说更加稳定，德国的经济受“广场协议”以及1987年的“史密森协定”的影响要更小。在这里，EMS的运行机制对马克的稳定起到了功不可没的作用。

6.3.2 EMS的形成过程及运行机制

EMS成员国的汇率合作并非始于EMS的建立，早在20世纪60年代，欧洲各国就已经开始了汇率合作的尝试，最初的形式就是“蛇形浮动”。1979年，EMS成立，德国与其他成员国在货币合作上结合得更加紧密。

6.3.2.1 蛇形浮动

二战后，欧洲大陆国家早就萌生了欧洲各国必须“紧密共生”的思想①。1958年1月1日，为了加强西欧政治经济的联合，西欧六国（法国、西德、意大利、荷兰、比利时、卢森堡），建立了欧洲经济共同体（European Economic Community），1973年，英国、爱尔兰、丹麦正式加入，欧洲共同市场由六国扩大为九国。

由于欧共体各国的货币政策不协调，外汇市场、支付、资本投机性流动等问题不断发生，欧共体要在政治和经济方面统一步调，就需要在货币政策上采取一致行动，欧共体决定成立欧洲经济和货币同盟。1969年12月欧共体六国（法国、西德、意大利、荷兰、比利时、卢森堡）在海牙首脑会议上，首次把建立欧洲经济与货币联盟作为一项正式目标。1971年3月22日出台的《维尔纳报告》要求各成员国用联合行动的方式共同缩小汇率波动幅度。

20世纪70年代美国经济危机为推动欧洲货币合作提供了外在动力。布雷顿森林体系下，美元与黄金挂钩，各国货币盯住美元，并可以在平价上下1%的范围内浮动。1971年8月15日，美国宣布暂停美元与黄金的兑换，并要求欧洲国家对驻军欧洲的美军支付费用，威胁如果欧洲国家不愿意增加支付驻军费用，美

① 裘元伦．裘元伦文集［M］．上海：上海辞书出版社，2005（5）：242.

国就相应减少驻军数量。这些举措激起了欧洲的强烈反对。德国当时正在实施“新东方计划”，正处于与东欧国家谈判的关键阶段，德国总理勃兰特担心缺少欧洲的支持会破坏他的“新东方计划”。因此，针对这样一个欧美矛盾的时机，德国积极行动推进欧洲经济一体化进程，从而为自己的外交政策找到一个坚实的后盾。随后，法德两国在会谈中都表示出要尽快解决货币危机的意图。

1971 年 12 月 17 日美元宣布对黄金贬值，各国货币对美元浮动幅度扩大为±2. 25%。为了抵制美元浮动带来的不稳定，欧共体国家于 1973 年 3 月 11 日建立联合浮动集团，将成员国之间的汇率波动幅度缩小一半，即±1. 125%。这就是在规定的±2. 5%的范围内有了一个更小的浮动幅度。±2. 5%的幅度就像一个地洞，±1. 125%就像是在地洞里蠕动的蛇。这就是“蛇行于洞”的联合浮动汇率（The Snake in the Tunnel）。

从本质上来说，“蛇行于洞”的运行机制还是以美元为中心的，因此美元的波动会对该机制产生重大影响。1973 年 2 月美元再次贬值，此举给欧洲的弱货币带来了沉重压力，由于参加联合浮动的各国经济实力存在差异，共同体有些国家货币无法维持与美元的固定汇率，因此不是单独浮动就是联合浮动，挪威和瑞典、英国就先后退出了联合浮动，法国则两次被迫退出蛇形汇率体系。“蛇行于洞”联合浮动汇率机制还存在，但共同体成员国只剩下德国、荷兰、比利时、卢森堡和丹麦五国留在该机制之内，欧洲货币合作暂时陷入了困境。

6. 3. 2. 2　欧洲货币体系的建立

1973 年石油危机爆发，导致了世界性的通货膨胀，法国总统瓦莱里·季思卡·德斯坦（Valéry Giscard d´Estaing）认识到，如果将法国法郎与坚挺的德国马克共同浮动，德国的货币政策能有效地帮助控制法国居高不下的通货膨胀。同时，法国看到德国的强大已经是不争的事实，如果退出联合浮动，将会有更多的国家成为事实上的马克区。为了对德国政策施加影响以及避免创立一个马克区，[①] 法国决定转变策略，与德国改善关系，强化法德轴心联盟。

德国也因为“新东方政策”的成功，减轻了对美国的依赖。而在经济上，美德矛盾也不断加深，美元自 20 世纪 70 年代以来就不断贬值，这不但阻碍了德国对美国的出口，而且也影响了蛇形机制的稳定，而法郎、里拉和英镑等货币的

① 李晓，丁一兵．欧洲货币一体化的推动力与大国关系——从国际政治经济学角度的考察［J］．学习与探索．2007（5）：152-157.

大幅贬值也威胁到德国对西欧的出口。这就促使德国总理赫尔穆特·施密特（Helmut Schmidt）开始寻求一种欧洲解决方案。

1978 年 4 月，德法两国首脑举行双边会议、交流意见和看法。在事先得到法国的赞同和支持后，德国总理施密特于当年 4 月举行的哥本哈根欧洲理事大会上提出了建立新的欧洲货币体系的货币一体化目标。但是，该提议在欧共体成员国内部形成了分歧。首先，英国对于建立一个欧洲的货币同盟并不感兴趣，在外交上依赖美国的英国认为货币问题应该确保美国的参与，同时英国由于担心加入欧洲货币体系会丧失货币政策自主权，① 因此强调英镑是一种“石油外汇”，英镑的波动理应与欧洲大陆货币有所不同，英镑暂不加入该体系。其次，在欧共体内部也形成了两派，一派是以德国为代表的“蛇形浮动”的参与国，一派则是以法国为代表的非参与国。双方的分歧在于运用什么机制来判断各国货币达到了干预点。德国“蛇形浮动”浮动的平价网体系，因为相对来说，德国马克的升值较其他国家货币的贬值更为频繁，德国可以借助平价网体系将升值压力分摊给所有参与国。法国认为应使用货币篮子，即将欧洲货币单位作为唯一的定义货币波动范围的形式，这样的话一次只有一种货币达到干预点，也只需要一个国家进行干预。相比之下，德国马克更有可能超过波动范围，因此较弱的货币就可以免除干预责任。英国和意大利对于货币篮子体系表示赞同，德国考虑到由德国单方面频繁干预汇率市场，必然会扰动国内货币稳定，因此断然拒绝。

解决法德的矛盾需要一方让步，否则欧洲货币同盟的构想就不可能实现。最终法国做出了妥协。这里有季斯卡对施密特的理解，但更重要的是，法国越来越意识到货币篮子在技术上的不可行性。② 法国放弃了货币篮子，并最终与德国达成了共识。荷兰、比利时等国对于能带来稳定欧洲货币体系抱着积极支持的态度。③

1979 年 3 月 13 日，欧洲经济共同体的 8 个成员国共同建立了欧洲货币体系，随后西班牙于 1989 年 6 月加入欧洲货币体系，英国也在 1990 年 10 月宣布加入，这大大增强了欧洲货币体系的实力。

---

① 赵怀普．英国缘何对欧盟若即若离［J］．国际论坛．2005（5）：29.

② 吴友法、张健．德法合作与欧洲货币体系的建立．［J］．武汉大学学报（人文科学版），2003（11）：686.

③ 陆亨俊．欧洲货币体系是怎样建立的［J］．世界知识，1979（8）：7.

6.3.2.3　欧洲货币体系的构成

欧洲货币体系（European Monetary System，简称 EMS）联合浮动机制由三部分构成，它们对维持成员国汇率稳定起到了积极的作用。

第一，创立欧洲货币单位。

欧洲货币单位（ European Currency Unit，简称 ECU）简称埃居，这是一种类似于特别提款权的一揽子货币，欧洲货币单位的价值是欧共体所有成员国货币的加权平均值。虽然是货币，但却不发行钞票。欧洲货币单位（ ECU）作为中心汇率的计算标准，既可以作为成员国中央银行间国际结算的手段，也可用作成员国的外汇储备来维持国际收支的平衡。

第二，建立欧洲货币汇率机制。

欧洲货币体系还必须确定八种成员国货币每对货币之间的法定中心汇率。确定办法是：每一个成员国都确定本国货币与欧洲货币单位的固定比价，也就是确定一个中心汇率，然后依据中心汇率套算出该国货币与其他参加国货币相互之间的汇率。这样，各成员国货币之间就形成了相对固定的平价网汇率体系。每两个成员国之间的汇率变化幅度必须控制在±2.25%，当超过这一界限时，两国货币当局都有义务进行干预，强货币一国要抛售本国货币，弱货币一国要买进本国货币，共同干预，使两国汇率重新恢复到波动允许的范围之内。同时八种成员国货币对 EMS 体系以外的货币共同浮动。

在平价网体系下，为了维持体系内汇率的稳定，各国央行要根据浮动幅度的大小，采取不同程度的干预任务。第一种是预警机制，当一国汇率偏离中心汇率幅度达到+2.25%×（1-权数）×75%时，该国货币当局应采取预防措施，防止达到偏离最大界限。第二种是协商性干预，当一国汇率最大偏离中心汇率±2.25%×（1-权数）时，有关国家的货币当局应进行磋商来进行预防性的干预。第三种是强制性的干预，当一国汇率波动达到允许最大波动幅度的±2.25%时，该国货币当局必须采取强制性的市场干预，通过买入或卖出本国货币使汇率重新接近中心汇率。可见，欧洲货币汇率机制的预警系统和干预手段都能有效地维持汇率稳定。这是汇率机制在较长时期里得以正常运转的保证。

第三，建立欧洲货币基金。

欧洲货币合作基金的主要作用是帮助国际收支困难的成员国维持国际收支平衡，通过欧洲货币合作基金提供的贷款进行外汇市场干预，从而维持欧洲汇率机制的稳定。其运行机制是，每个成员国把自有的黄金储备和美元储备的20%交给欧洲货币合作基金，此时可以换回相应数量的欧洲货币单位。当某个成员国的汇率发生波动，需要对本国货币与马克之间的汇率进行干预，该成员国就可以用手中持有的欧洲货币单位，从其他成员国中央银行手中购买本国货币，进而对外汇市场进行干预。欧洲货币基金的成立加强了各国干预货币市场的能力，保证共同体内部市场的汇率稳定。

6.3.3 EMS 维持马克汇率稳定

EMS 的联合浮动机制将成员国与德国捆在了一起，成员国汇率受德国马克汇率的变化的影响，可谓“一荣俱荣，一损俱损”。由图 6-10 可以看出，在 1980-1990 年间，法国法郎、意大利里拉和德国马克兑美元的汇率表现出相似的走势，这正是联合浮动所产生的结果。EMS 成员国，特别是在国际谈判中拥有话语权的法国和意大利，出于以下几个原因，会在汇率问题上与德国站在同一条战线：

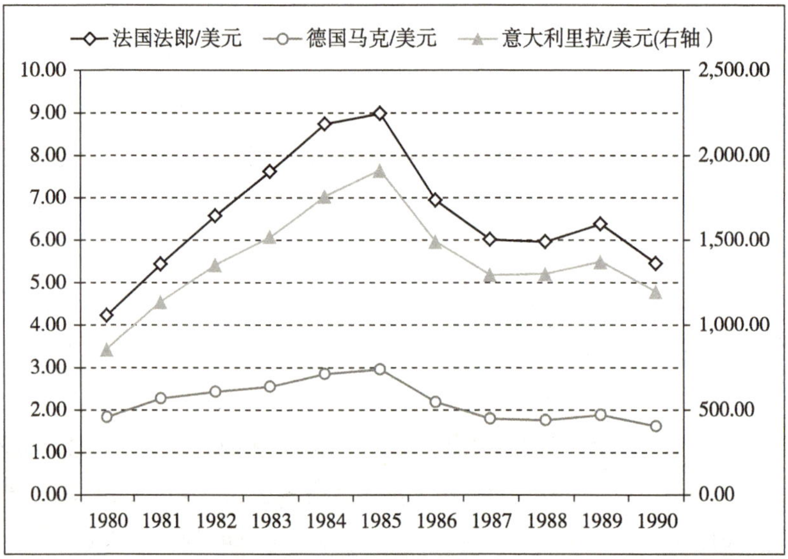

图 6-10 法、意、德三国货币兑美元汇率

数据来源：国际货币基金组织 IFS 数据库。数据说明：各国汇率均为兑美元的年均市场汇率。

6.3.3.1 马克已经取代欧洲货币单位，成为事实上的中心货币

在欧洲货币体系中，各国货币盯住欧洲货币单位，欧洲货币单位价值为欧共体成员国货币的加权平均值，权数的大小根据该国在欧共体内部贸易中所占的比

重和该国国民生产总值规模确定。权数一般每 5 年调整一次，如果其中一种货币的权重变动超过 25%，或有新的成员货币加入货币篮子时，也可提前调整。由于德国总体实力在欧洲货币体系中最强，在 EMS 中占有最大的权重。1989 年 9 月 21 日，调整后的德国马克所占权重为 30.1，法国法郎为 19，意大利里拉为 10.15，马克的地位决定了马克汇率的波动会对欧洲货币单位的对外价值产生决定性影响。1983 年以后，EMS 各成员国开始放弃盯住 ECU，转而盯住马克，马克成为 EMS 的中心货币。德国承担着维持马克与美元汇率稳定的责任，其他成员国货币盯住马克。马克的大幅升值会导致法国法郎、意大利里拉对美元的升值，从而影响两国的贸易平衡与经济稳定，这也是法国和意大利所不愿承受的。

6.3.3.2　“平价网”体系干预机制维护马克稳定

EMS 的平价网体系规定了成员国调整汇率的范围。如果一国汇率波动超出该范围，该国货币当局就要进行强制性干预。由于马克在 EMS 中不可替代的地位，成员国把控制本国货币与马克汇率的波动，当作中央银行干预的标志。根据规定，两成员国之间汇率波动如果超出规定范围，则两国货币当局都有义务进行干预，双方需要动用自己的外汇储备或者黄金储备进行干预，干预所需的资金应共同负担。但事实上，通常当某一成员国货币与马克的汇率接近波动允许的上下限时，该国中央银行就需要引起警觉，甚至要直接进行干预。但德国就没有义务进行干预。因此，当德国马克对美元升值，马克相对 EMS 内其他的货币也发生了汇率的变化，那么其他成员国为了保持和马克的汇率水平，就不得不动用外汇储备进行干预，这种被动的干预对其他成员国来说也是一种成本的损失。

6.3.3.3　马克汇率会影响德国货币政策，从而影响他国货币政策

20 世纪 80 年代以来，由于德国马克的地位以及德国在控制通货膨胀方面良好的信誉，EMS 其他成员国已经把德国马克和联邦银行的货币政策当成他们的名义锚。① 高通胀的成员国认为，借助本国货币与德国马克挂钩的逐步强化，其他成员国追随德国中央银行的货币政策不但可以让该国达到用低成本控制通胀的好处，还有利于促进 EMS 内的利率趋同，有助于欧洲货币联盟的最终形成。EMS

---

① 雅各布·A·弗兰克尔，莫里斯·格德施坦因．德国马克的国际角色［A］//德国马克与经济增长［C］．北京：社会科学文献出版社．2012：237.

的汇率机制使成员国内部形成逐渐趋同的货币政策。有研究表明，1981 年体系内的实际利率差为 8.1%，1988 年则降为 3.2%。德国、意大利、法国、英国在加入 EMS 后实际利率更加接近，尤其是长期实际利率的相关系数全部得到提高。① 德国马克对美元的升值，必然影响德国国内的货币政策，EMS 其他成员国与德国利率的趋同，也会很大程度上影响成员国的货币政策。

由此可见，EMS 本身的运行机制将德国与其他成员国的利益紧紧捆在了一起。作为有共同利益的盟友，作为 G7 的参与者，法国、意大利与英国在汇率问题上更倾向于支持德国。德国在与美国的谈判过程中能获得众多盟友的支持，其实力大大超过势单力孤的日本。因此，在经常账户同样出现巨额顺差的情况下，德国马克汇率升值幅度小于日元就不足为奇了。

6.4 德国经验对中国的启示

德国马克和日元的升值经历为中国维持人民币汇率稳定提供了宝贵的经验。尽管中国目前已经变升值压力为贬值压力，但人民币国际化是中国对外发展的目标之一。中国正努力推广人民币在海外贸易中的使用，并在 2016 年 10 月 1 日成功加入 SDR 货币篮子，获得国际货币基金组织（IMF）的储备货币地位。人民币要实现国际化，首先要做到币值稳定。德国马克借助 EMS 集体的力量维持了汇率的稳定，借鉴德国经验，中国应该在制度层面，推进东亚货币合作，以货币同盟的方式共同对抗外界压力。

第一，加强东亚区域内货币合作。

目前人民币在亚洲范围内使用较为广泛，人民币已经在至少 18 个国家和地区流通，人民币在老挝、缅甸、蒙古国已成为事实上的流通货币之一。香港地区的人民币离岸业务规模也越来越大。人民币的汇率波动因此会对东亚各国形成显著影响。石建勋，全淑琴，钟建飞（2011）使用脉冲响应分析了东亚九国和地区货币汇率与人民币、美元、欧元、英镑的关系，发现人民币是对印尼盾、日元、韩元、泰铢四种货币汇率短期变动影响最大的外国货币。这显示人民币在东亚地区的重要性进一步提升，其地位甚至超过了美元。人民币的升值将会对东亚国家的汇率形成很大冲击，既不利于这些国家汇率的稳定，更不利于这些国家经济的

① 托马佐·帕多阿—席奥帕．货币、经济政策隽欧洲．［C］．卢森堡：1985：98//李惠民．论欧洲货币体系汇率体制与经济发展的相互关系［J］．西欧研究，1987（6）：16-21.

发展。中国的利益与东亚九国的利益结合得越紧密，中国在与美国和欧盟的谈判中就拥有更大的话语权。因此，中国应进一步加强东亚区域内货币合作，特别是与日本的合作，以期获得这个在亚洲最强有力的盟友的支持。2012 年 6 月 1 日，上海和东京两地市场启动人民币与日元的直接交易，这是中日货币合作进一步加深的重要标志，这对世界货币体系格局的影响意义深远，并将进一步提升亚洲经济体在全球经济中的影响力和发言权。

第二，推进亚洲货币单位的创设。

由德国经验我们可以看出，EMS 的汇率体系在保证德国汇率稳定中起到巨大作用，EMS 汇率机制的建立首先需要一个“锚货币”来作为成员国汇率调整的标准。同样，中国与其他亚洲国家汇率的结盟也需要一个这样的“锚货币 ”。20 世纪末就有学者提出“亚洲货币单位”（ACU）的概念，其思路是模仿欧洲货币单位，创立一个东盟 10+3（东盟十国与中日韩三国）的一篮子货币。后有学者提出了亚洲货币单位具体的编制办法（Ogawa 和 Shimizu[91]，2005），计算方法是通过区域内各个国家汇率的加权平均计算得出，权重考虑了贸易额和购买力平价下的 GDP 两个因素。根据 Ogawa 等的测算，中国在 ACU 中所占的权重为 34.39%，高于日本（27.8%）。按照这样的测算，如果亚洲创立了亚洲货币单位，那么中国就像在 ECU 中的德国马克一样，在该货币体系中处于优势地位。

第三，建立东亚汇率合作机制。

1997 年东南亚金融危机以来，亚洲各国货币合作上达成了共识，开始积极探索汇率领域合作的办法。但是现阶段东亚各经济体之间的政策对话与协调主要以双边合作和非机制化的合作为主，虽然双方达成共识，但是其约定对双方没有任何法律效力。这种缺乏强有力监督机制的做法会阻碍东亚汇率合作的进程。中国想在建立起与 EMS 类似的亚洲货币同盟，就必须与东亚各国加强各层次的信息交流和政策协调，将非正式的对话与协商进一步转变为制度性的安排。在 ACU 创立的基础上建立起类似于 EMS 的“平价网”体系，规定各国针对 EMS 偏离的最大幅度、预警机制、干预机制等。当然，这一目标的实现是一个循序渐进的过程，短期内东亚地区货币政策的协调与合作可以建立在较低层次上，也就是名义上不要求各国货币当局让渡任何的货币政策自主权，推动各参加方不断地对各自的货币政策和财政政策进行微调，长期来看，应该以制度化的形式确定各国间的汇率干预机制。

第七章　中间状态的德国资本流动、冲销与货币政策有效性

在三元悖论的中间状态，巨额经常项目顺差对货币政策的另一个干扰就是会造成外汇储备的增加。根据第四章的理论分析，外汇储备的增长不仅会引发基础货币投放量增加，从而导致物价上涨，而且还会造成经济产出的萎缩，但是如果外汇储备规模适度，且央行实施了有效的冲销，则可以减轻甚至消除外汇储备盈余对货币政策的影响。这里消除外汇储备对货币政策的影响取决于两个条件：一是减小外汇储备的规模，外汇储备的规模越小，央行实施冲销的难度越小，二是冲销的有效性，如果央行实施完全的冲销，则可以完全消除外汇储备对货币政策影响。

本章首先分析国际收支失衡对货币政策的影响，再对比德国外汇储备增加与货币供应量、物价之间的关系，然后分析德国国际收支情况及国际资本的流动因素，最后对德国央行的冲销效果进行检验。

7.1 国际收支失衡对货币政策的影响

理论上，实行浮动汇率制度的国家能实现国际收支的平衡。现实中，由于存在对汇率的被动干预，即使是实行浮动汇率制度的国家（如德国、日本）也经常出现国际收支失衡的现象。当经常项目的盈余大于资本和金融项目的流出时，一国就出现了外汇储备盈余。如果用 CA 表示经常项目余额，用（-KA）表示金融账户赤字，则外汇储备可表示为：

$$NFA=CA-KA \tag{7-1}$$

外汇储备是一国货币当局持有的外币资产，外汇占款是指由于持有外币资产央行相应投放的本国货币，尽管外汇储备和外汇占款并不完全一致，但是很大程度上外汇储备的规模决定了外汇占款的规模，因此可用外汇储备来近似地表示外汇占款。外汇占款通过影响基础货币的投放量进而影响物价和产出。其基本原理可以通过货币当局的资产负债恒等式来理解：

$$NFA+NDA=MB \tag{7-2}$$

其中，NFA 表示央行的外币资产，NDA 表示央行国内净资产，MB 表示基础货币。即一国的基础货币是由国外净资产（外汇和黄金储备）和国内信贷（德国主要是商业银行贷款）组成。进一步的，该等式可以表示为：

$$\Delta NFA+\Delta NDA=\Delta M \tag{7-3}$$

其中ΔNFA、ΔNDA 和ΔMB 分别表示央行持有的国外资产、国内信贷和基础货币的变化量。这意味着，央行国外净资产的变化势必会影响基础货币的变化。根据货币理论，狭义货币供应量 M1 可以表示为如下形式：

$$M1=KB \tag{7-4}$$

其中，K 为货币乘数，B 为基础货币。货币供应量则主要受基础货币量和货币乘数影响。考虑到央行的外币资产的变动主要来自外汇储备的变动，该等式可表示为：

$$\Delta M1=K\ (\Delta CA-\Delta KA+\Delta NDA) \tag{7-5}$$

可以看出，国际收支失衡会引起基础货币的增加，其影响的大小取决于国际收支失衡的规模和货币乘数。如果央行不采取措施抵消外汇储备对货币供应量的影响，在价格完全弹性的假设下，该国的价格上涨会使该国实际汇率升值，产出下降，扰动该国货币政策实施的效果。因此要避免国际收支失衡对经济的影响，一是要从根本上减少外汇储备的规模，另一个就是要实施冲销手段，抵消外汇储备对货币供应量的影响。

7.2 德国国际收支情况及对经济的影响

7.2.1 德国的国际收支情况

布雷顿森林体系解体后，德国经济经历了快速的增长，经常账户出现大量盈余，特别是在 1981-1990 年，经常账户盈余迅速增长，并在 1989 年达到最高点。如图 7-1 所示。但是德国国际收支增加额远远低于经常账户的增长幅度，1989 年经常账户余额达到最大值 54.8 亿美元，但国际收支只增加了 2.8 亿美元。德国巨额的经常账户余额并没有导致国际收支的严重失衡，这主要是因为德国国际资本的大量流出，特别是国际短期资本的大量流出平衡了经常账户盈余带来的压力。

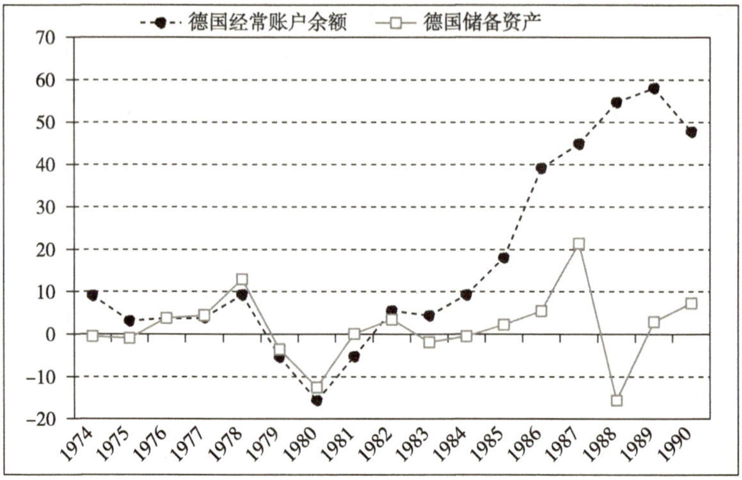

图 7-1　德国储备资产与经常项目余额

数据来源：CEIC 数据库计算整理。　单位：十亿美元。

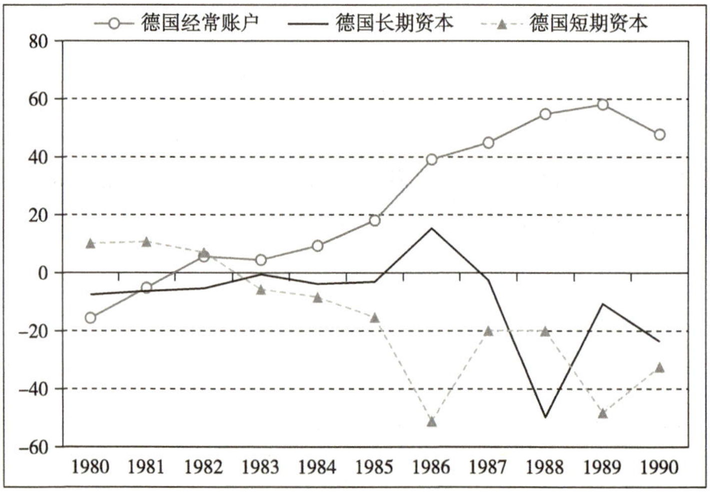

图 7-2　德国经常项目和资本外流规模

注：为了对比长期资本和经常项目的规模，资本的流出用"+"表示，资本的流入用"−"表示。

资料来源：国际货币基金组织 IFS 数据库。　单位：十亿美元。

研究德国的资本流动发现，德国的经常账户和德国的资本流动基本上成相反方向，短期资本从 1983 年开始长期表现为流出。资本的流出减轻了巨额经常项目顺差的压力。但同样是积累了巨额经常项目顺差的日本，长期资本流出大于日本的经常项目盈余，其大于经常项目盈余的部分通过短期资本的大量流入来弥补。如图 7-3 所示。这些短期资本主要是外币（美元）存款，日本通过借入短期资金发放（大于经常项目盈余）的长期贷款。1991 年日本资产泡沫破裂，导致长期资本大量回流，经常账户盈余无法得到资金融通，形成了巨额的外汇储备，这导致了 1991 年日元的再次升值，从 90 年代开始，日本经济持续低迷，出现了“失去的十年”。

对比日本，德国资本流出不仅减轻了巨额经常项目顺差的压力，还避免了汇率的再次升值，从而实现了经济的平稳过渡。但为什么德国的资本表现为流出？这需要对德国资本流动因素进行分析。

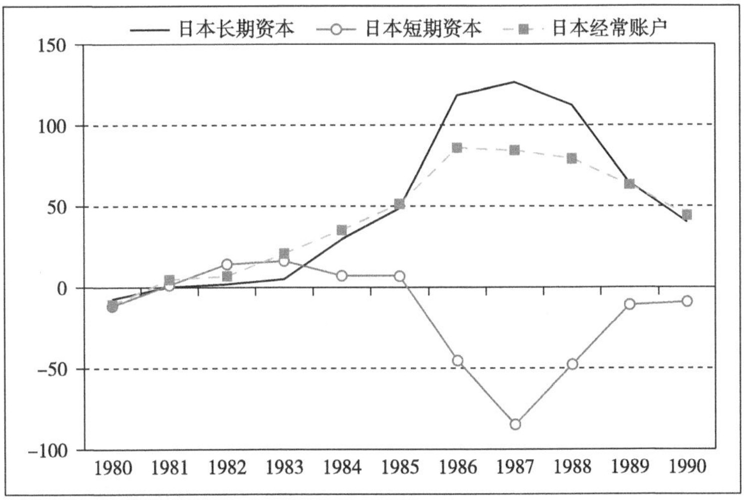

图 7-3　日本经常项目和资本外流规模

数据来源：国际货币基金组织 IFS 数据库。单位：十亿美元。

7.2.2　德国国际收支失衡对经济的影响

按照以上国际失衡对经济影响的分析，如果央行没有实施冲销干预，则国际收支盈余的变化会引起货币供给量相应的变化，从而引发价格的相应变化。按照第四章 M-F 模型中的理论分析，价格变化最终会导致产出的减少。但分析德国的情况可以发现，外汇储备变动与货币供应量的变动在大多数年份呈相反的趋势，与价格的变化没有明显一致性，对产出的影响也不明显。

7.2.2.1　德国外汇储备与货币供应量的关系

7.2.2.1.1　德国外汇储备与中央银行货币量的关系

由图 7-4 可以看出，在 1974-1990 年这 17 年里，德国外汇储备的变化量和中央银行货币量大部分时间变化趋势相反。除了 1977 年、1980-1982 年、1986-1987 年和 1990 年德国外汇储备变化量与中央银行货币量表现出相同的变化趋势，其他 10 年里变化趋势均相反。这说明外汇储备的增加（减少）没有对应的中央银行货币量的同幅度的增加（减少）。

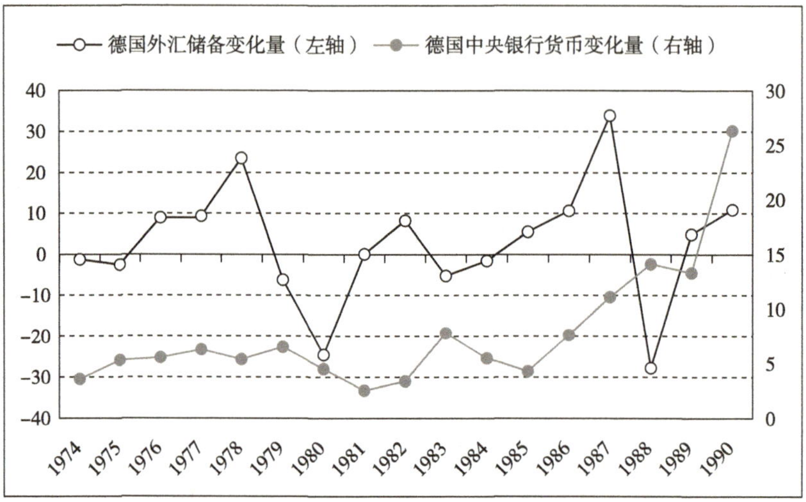

图 7-4　德国外汇储备变化量与中央银行货币变化量

数据来源：CEIC 数据库。单位：十亿德国马克。

7.2.2.1.2　德国外汇储备与 M1 的关系

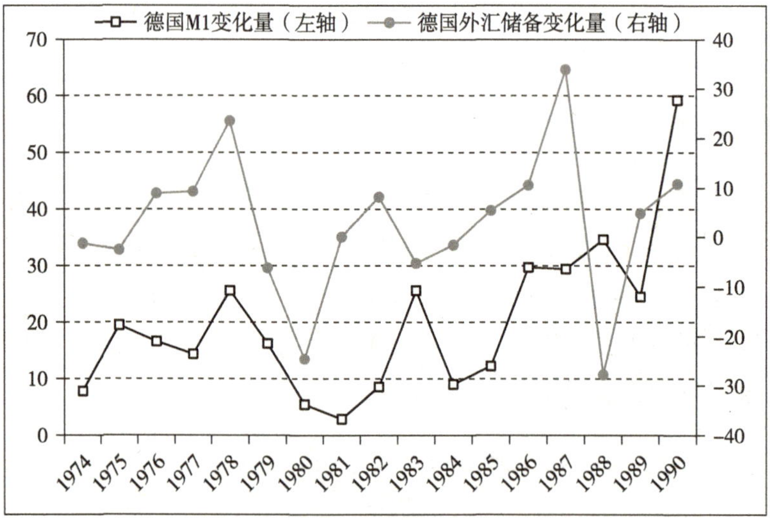

图 7-5　德国外汇储备变化量与 M1 变化量

数据来源：CEIC 数据库。单位：十亿德国马克。

由图 7-5 可以看出，德国的储备资产和德国的货币数量 M1 在大部分年份表现出相反的变化趋势。除了 1978-1980 年、1982 年、1985 年和 1990 年德国的储备资产和 M1 的变化量表现出相同的趋势，其他 10 年里德国的储备资产和货币供应量 M1 变化方向相反。这说明在大部分时间，德国外币资产的变化没有引起对应的货币供应量的变化。

7.2.2.1.3　德国外汇储备与通胀率的关系

由于德国外汇储备的变化量与德国货币供应量变化量之间没有表现出明显的同趋势变动关系，因此外汇储备变化对物价的影响也没有出现一一对应的关系。在外汇储备增加的年份里，如 1975-1977 年德国的通货膨胀率反而下降，而在德国国际收支表现为逆差的年份里（1979-1981 年），德国的通胀率不断增长。在 80 年代部分年份里，德国外汇储备与通胀率出现变化趋势的趋同性，但在外汇储备规模最大的 1987 年，德国的通胀率反而下降至最低点 1.28%。从整体来说，外汇储备变化对通胀率的影响并不大。如图 7-6。

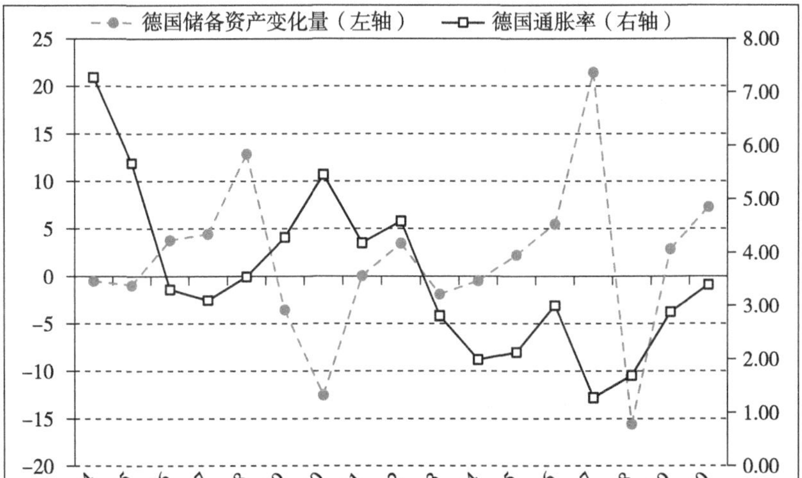

图 7-6　德国外汇储备变化量与德国通胀率

数据来源：CEIC 数据库。

数据单位：德国储备资产变化量，十亿德国马克；德国通胀率，%。

7.2.2.1.4　德国外汇储备与经济增长的关系

按照第四章 M-F 模型中国际收支顺差对经济影响的分析，如果价格完全弹性，也即国际收支顺差导致价格上涨，则实际汇率会发生升值，从而导致经济萎缩。这里的国际收支的增加应该导致产出的下降，也即外汇储备增加应该对应产出的下降。图 7-7 显示出在 1974-1990 年这 17 年间，共有 10 年外汇储备增加对应着产出的增加。因此从整体来看，外汇储备变化对产出的影响不大。

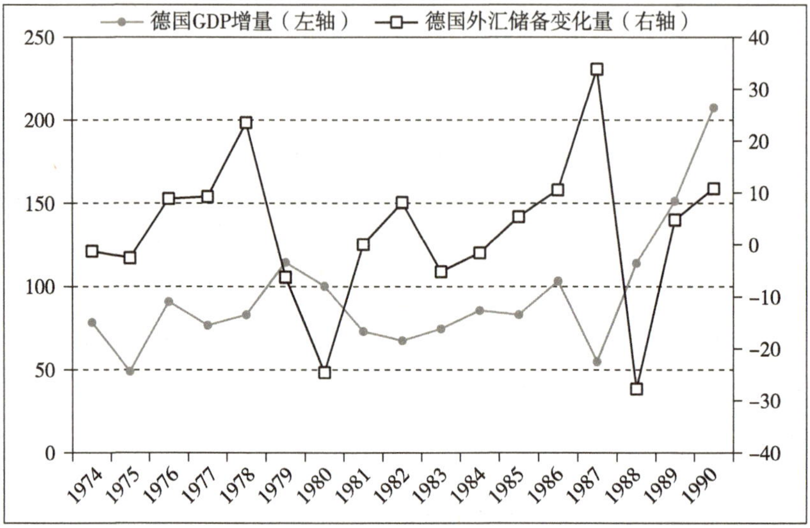

图 7-7　德国外汇储备变化量与德国 GDP 变化量

数据来源：CEIC 数据库。单位：十亿德国马克。

以上的分析表明，德国国际收支失衡对货币政策的影响效果并不显著，其主要原因一个是短期资本大量流出减轻了巨额经常项目顺差的压力，一个是德国可能实施了有效冲销，抵消了外汇储备增加对货币供应量的影响。接下来需要分析德国资本流出的原因，并检验德国央行冲销的效果。

7.3　德国资本流动因素分析

7.3.1　德国短期资本的确定

学界通常界定一年以下的资本流动为短期资本流动，但是短期资本可以通过不断展期改变期限，长期资本可以在市场上转让，从而拆分为短期资本，因此单纯的按照借贷周期的长短已经不能很好地区分短期资本和长期资本。国际上常用的计算短期资本流动规模的方法是用外汇储备增量减去一国国际收支平衡表中的几个项目。首先使用该方法的是 World Bank（1985），后有其他学者对该方法进行了改进（Morgan Guaranty Trust Company，1986；Cline，1987），Michaelson

（2010）和王世华与何帆（2007）在研究中国的资本流动时使用了“外汇储备增量-贸易顺差-FDI 净流入”。由于在国际收支平衡表中，误差和遗漏项目反映了借贷双方的失误和遗漏的净值，除了统计的误差，短期投机资本往往也存于与误差和遗漏项目中。为了最大限度地考虑德国短期资本的流动规模，本书采用“外汇储备增量-贸易顺差-FDI 净流入+误差和遗漏”的计算方法来衡量德国的短期资本流动情况。

7.3.2 所受影响国家的确定

使用“外汇储备增量-贸易顺差-FDI 净流入+误差和遗漏”方法计算德国的短期资本流动，我们可以得出德国 1974-1998 年的资本流动情况。如图 7-8 所示。

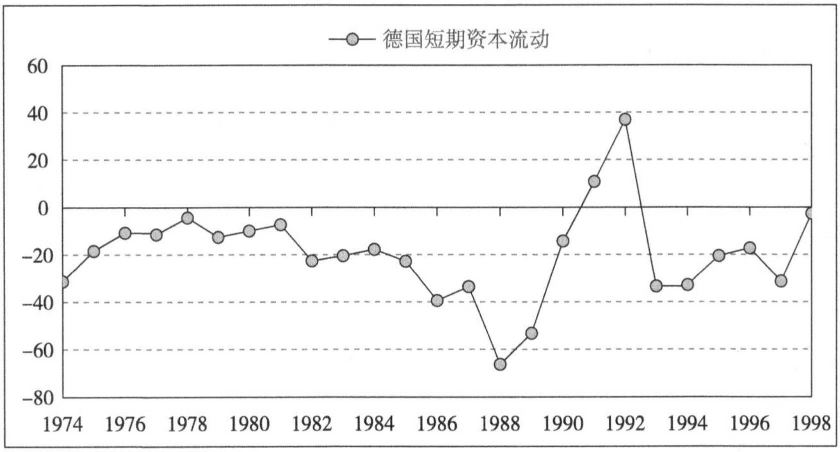

图 7-8 德国短期资本流动情况

数据来源：CEIC 数据库整理计算。数据单位：亿欧元。

可以看出，德国的短期国际资本除了在 1991-1992 年为流入，其他年份都表现为流出。短期国际资本的大量流出平衡了经常账户盈余带来的失衡压力，但是为什么同是出现经常账户的盈余，德国的短期资本却表现为流出？德国的短期资本流向了哪里？与资本流入要分析国内因素不同，短期资本的流出更多的是受到国外因素的影响，因此我们必须选择国外变量进行分析。考虑到在布雷顿森林体系解体后美国仍然是世界投资资本的主要流入地，很多学者在分析发达国家资本流动时都依据美国的变量指标（Philip tuner，1991；IMF，1989）。但是考虑到德国地处欧洲大陆，与欧洲的其他发达国家也有紧密的经济联系，因此仅考虑美国因素对德国资本流动的影响会失之准确。

短期资本流动中主要的构成为证券投资和其他投资，因此通过分析德国证券投资和其他投资主要流出国，可以确定影响德国短期资本流出的国家。具体做法是：

7.3.2.1 影响德国证券投资国家的判定

计算德国每年证券投资向各个国家的流出额占德国当年证券投资总流出额的比例，用公式表示为：

$$P_{it} = PI_{it}/PI_t \tag{7-6}$$

其中 PI_{it}表示第 t 年德国证券投资向第 i 个国家的流出额，PI_t表示德国第 t 年证券投资的总流出额。由于 1974–1998 年德国对各个国家不同年份证券投资流出占比会有所变化，我们选择各年占比在 20%以上的国家，并将每个国家总的占比进行加总，用公式可表示为：

$$Z_i = \Sigma P_{it} \qquad P_{it} > 20\% \tag{7-7}$$

通过以上两个公式，我们可以找出德国证券投资流出占比在 20%以上年份最多的国家，以及总占比 Z_i最大的国家，用这两个指标确定的国家就是德国证券投资的最主要流出国，也就是对德国证券投资影响最大的国家。

7.3.2.2 德国其他投资流出国的判定

计算德国每年其他投资流向各个国家的流出额占德国当年总流出额的比例，用公式表示为：

$$E_{it} = OI_{it}/OI_t \tag{7-8}$$

其中 OI_{it}表示第 t 年德国其他投资向第 i 个国家的流出额，OI_t表示德国 t 年其他投资的总流出额。与证券投资的计算方法类似，我们选择各年占比在 20%以上的国家，并将其总的占比进行加总，用公式可表示为：

$$Z_i = \Sigma E_{it} \qquad E_{it} > 20\% \tag{7-9}$$

我们用 CEIC 数据库 1974–1998 年德国证券投资和其他投资的数据，经上式的公式进行计算，结果显示，在 CEIC 数据库中约 200 个经济体里，德国的证券投资资本流出占比在 20%以上的国家共有 6 个，其中美国为 11 年，在所有德国证券投资流出国中为最高。在对应的 Z 值比较中，美国也远远高出其他国家。

德国其他投资流出占比计算中，高于 20%的国家共有 10 个。其中占比年份最多的国家是英国，共有 9 年都超过了 20%，远超出排名第二的美国（3 年），其 Z 值也为所有国家之冠。

经过以上分析，我们可以得出这样的结论，德国短期资本的流出中，证券投资流动所受影响最大的国家是美国，其他投资流动受影响最大的国家是英国。

7.3.3　模型的建立及选取

7.3.3.1　理论模型的建立

关于短期国际资本的流动，以利率平价为基础的理论模型可以在一定程度上做出解释。在两国模型且资本自由流动的模型中，抛补的利率平价理论可以得到

$$1+i=(1+i^*) \qquad (7-10)$$

其中 i 为本国利率，i＊为外国利率，F 为两国汇率的远期汇率，S 为即期汇率。两边取对数，则该公式可近似的变为

$$i=i^*+f-s \qquad (7-11)$$

其中 f 和 s 分别是远期、即期汇率的对数。等式（7-11）可以变形为

$$i-i^*=f-s \qquad (7-12)$$

等式（7-12）的左边等于 0 也就意味着两国没有套利的机会，资本不会流动。设

$$C=i-i^*+s-f \qquad (7-13)$$

若 C>0，则说明持有本国货币的收益率高于持有外国货币的收益率，因此资本会从外国流入本国；若 C<0，则说明持有本国货币的收益率低于持有外国货币的收益率，因此资本会从本国流向外国。由此看出，两国间资本的流动取决于两国利差和远期、即期汇率的变化。

等式（7-13）同时还暗含着一个观点，即两国的利差与两国的汇率变动有一定的因果关系。一国利率的调整导致两国利差的改变，资本从低利率的国家流向高利率的国家，外汇市场的供求发生变化，汇率随之改变。或者两国的汇率因为某一原因变动，则为了控制资本的流动，一国货币当局需要调整本国利率，来改变与外国的利差。根据公式（7-13）两国的利差应与两国远期汇率对数与即期汇率对数差有相互影响的因果关系。如果该关系存在，则说明利差或者汇率的变动引起了两国间资本的流动，直到等式（7-13）两边相等为止，这表明利差和汇率确实是引起两国资本流动的原因。如果因果关系不存在，两国利差变动，资本流动，但是汇率却不变，这与利率平价理论相悖，则说明只用利率平价理论

解释资本流动是不够的。

格兰杰因果检验可以考察汇率和利差的因果关系。ID_{UK}为德国货币市场利率和英国货币市场利率差额，LOG（F/S）$_{UK}$为德国马克/英镑的远期汇率对数与即期汇率对数的差额。ID_{USD}为德国货币市场利率和美国货币市场利率差额，LOG（F/S）$_{USD}$为德国马克/美元的远期汇率对数与即期汇率对数的差额。以上数据均为月度数据，数据来源于CEIC。所有数据均为平稳数据，格兰杰因果检验结果如下：

表7-1　ID_{UK}是否是LOG（F/S）$_{UK}$变动的原因

零假设	滞后2阶	滞后3阶	滞后4阶	滞后5阶
	概率	概率	概率	概率
ID_{UK}不是LOG（F/S）$_{UK}$变动的原因	0.20187	0.30293	0.05898	0.08518
LOG（F/S）$_{UK}$不是ID_{UK}变动的原因	0.03642	0.02148	0.03144	0.03455

表7-2　ID_{USD}是否是LOG（F/S）$_{USD}$变动的原因

零假设	滞后2阶	滞后3阶	滞后4阶	滞后5阶
	概率	概率	概率	概率
ID_{USD}不是LOG（F/S）$_{USD}$变动的原因	0.95604	0.97679	0.98679	0.99672
LOG（F/S）$_{USD}$不是ID_{USD}变动的原因	0.56519	0.79875	0.80653	0.87936

表7-1的结果表明，德英利差不是两国远期汇率与即期汇率对数差变动的原因，德国马克/英镑远期汇率与即期汇率对数差是德英利差变动的原因。汇率的变动会导致利率的调整，引起利差的变化，但是利差的变化并不是导致汇率变化的原因。英国与德国的情况不能充分地证明利率平价理论。

表7-2的结果表明，德美利差不是两国远期汇率与即期汇率对数差变动的原因，德国马克/美元远期汇率与即期汇率对数差也不是德美利差变动的原因。美国与德国的情况表明，用利率平价理论无法充分解释两国间的资本流动情况。

利率平价理论虽然是解释资本流动的基础理论，但是德国与英国、德国与美国的数据检验表明了利率和汇率双套利模型不能解释德国短期资本流出的动机。考虑到现实中有多种因素会引起国际资本的流动，但是我们仅考虑在市场机制发挥作用的条件下短期国际资本的流动情况，假设的前提是两国间资本自由流动，那么资本逐利的本能使资产价格成为影响国际间短期资本流动的原因之一。因此可构建基于利率、汇率和价格的三重套利模型。加入价格因素，公式（7-13）可以变形为

$$C=(i-i^*)+s-f+p \tag{7-14}$$

其中 p 为国外的资产价格变动。公式（7-14）表示短期国际资本的流动不仅要受到套利（利差）的影响，还要受套汇（即期汇率、远期汇率变动）以及套价（外国资产价格变动）的影响。其中若 $C>0$，短期国际资本会从外国流入本国；若 $C<0$，短期国际资本会从本国流向外国。公式（7-14）中的每个变量变动方向以及对短期资本流动影响力都会改变其流向，借助 VAR 模型和方差分解可以检验每个变量对短期国际资本流动的影响力。

7.3.3.2　影响因素模型的选取

为了对德国国际资本流动的驱动因素进行分析，本章采用 VAR 模型进行检验，这是因为与其他方法相比，VAR 模型能够直接用真实数据对多个变量之间的动态关系进行描述，不必对变量的内生性和外生性进行区分。由于需要确定导致资本流动的主要因素，VAR 模型中的脉冲响应函数和方差分解可以分析出某一因素对特定变量的冲击响应，因素变量方差的变动可以确定每种影响因素对资本流动变化的相对贡献。

在短期资本流动的分析中，VAR 模型中纳入的因变量国际资本流动（ST），影响国际资本流动的三大因素是汇率、利率和资产价格。由于对证券投资流动影响最大的国家是美国，因此资产价格因素选择美国股票价格变动率（SHR）。考虑到对德国其他投资流动影响最大的国家是英国，因此利率因素选择德英利差（ID），这主要反映利率差异导致的国际资本流动。由于从资本流动分析中无法确定哪一个国家是对汇率影响最大的国家，考虑到美元的国际地位，以及英镑在欧洲地区的重要性，汇率因素同时考虑英镑和美元汇率变动对德国短期资本的影响，因此选择德国马克兑美元的汇率变动率（ERY）和德国马克兑美元远期汇率变动率（EE），以及德国马克兑英镑汇率变动率（ERY_1）和德国马克对英镑的远期汇率变动率（EE_1）四个变量，共同反映资本流动中套汇收益。由此可以确定，VAR 模型中包括 7 个变量，也就是 ST、ID、ERY、EE、ERY1、EE1、SHR。

7.3.3.3　样本的来源

选择 1974 年 1 月到 1998 年 12 月的月度数据样本来进行德国国际资本流动

因素的分析。之所以选择到 1998 年 12 月为样本的终止日期，是因为 1999 年欧元发行，涉及汇率因素的分析发生了巨大变化，因此选择 1974 年到 1998 年底的月度数据作为本书研究的样本。选择月度数据是因为与年度数据相比，月度数据样本容量更大，VAR 模型估测精度更高，更容易体现出国际资本流动的变化特征。

实证研究所涉及的样本数据，主要来源于重要的统计网站及数据库。德国国际资本流动数据来源于 CEIC 数据库，经“外汇储备增量-贸易顺差-FDI 净流入+误差和遗漏”的计算方法得出。本书采用德国和英国代表性利率差额来表示短期资本中的套利因素。德国利率选择德国货币市场利率，英国利率选择英国货币市场利率。德国货币市场利率数据来源于 Deutsche Bundesbank，英国货币市场利率数据来源于 IFS。美国股票价格指数、马克/美元汇率、马克/英镑汇率，马克/美元远期汇率为 3 个月马克/美元汇率，马克/英镑远期汇率为 3 个月马克/英镑远期汇率，数据未进行季节性处理，所有数据均来源于 CEIC。

7.3.4 VAR 模型的构建

7.3.4.1 模型变量的单位根检验

在进行 VAR 模型检验前，首先要检验模型中变量的平稳性，因为如果变量不稳定，会导致模型本身不稳定，从而出现虚假的分析结果。因此，首先要对选取的变量进行单位根检验。其结果如表 7-3 所示。从表 7-3 可以看出，ST、ID、ERY、EE、ERY1、EE1、SHR 均为平稳序列。

表 7-3 ADF 检验结果

变量	检验形式	ADF 统计量	5%临界值	10%临界值	结论
ST	I (0)	-2.829354	-1.941903	-1.615980	拒绝 H0，平稳
ERY	I (0)	-12.72439	-2.870996	-2.571880	拒绝 H0，平稳
EE	I (0)	-4.321736	-2.871195	-2.571986	拒绝 H0，平稳
ERY1	I (0)	-17.30193	-2.870996	-2.571880	拒绝 H0，平稳
EE1	I (0)	-15.30372	-2.870996	-2.571880	拒绝 H0，平稳
ID	I (0)	-2.138436	-1.941899	-1.615983	拒绝 H0，平稳
SHR	I (0)	-16.06482	-2.870996	-2.571880	拒绝 H0，平稳

注：滞后阶数 P 根据 AIC 准则确定。

7.3.4.2　模型识别约束的施加

识别 VAR 模型时，有些学者并不考虑模型中变量的顺序，但是 VAR 模型里因变量排列次序的不同会导致结果完全不同，从而造成最后结论的偏差性。相比较而言，采取传统的 Cholesky 分解，即在正交化（orthogonalize）过程中对扰动项施加了一个恰好识别的同期关系结构，用这种方法进行变量排序可以有效地提高结论的准确性。我们可以将外生性较强的变量排在靠前的位置，随后按对其他变量影响程度的大小排列变量的次序。通过正确设定扰动项之间的同期格兰杰因果关系就可以准确地确定变量的顺序。通过这种方法，我们最终可以确定 Cholesky 分解顺序依次是 ERY、ERY1、SHR、ID、EE 、EE1、ST。

7.3.4.3　模型滞后阶数的确定

VAR 模型中，滞后阶数的不同会导致结果的不同，从而影响结论的准确性。在选择阶数时既不可过大也不可过小。如果选择的滞后阶数不够大，模型完整的动态特征就无法充分被反映。但过大的滞后阶数也意味着需要估计的参数增多。此时可以借助一些判别准则来进行阶数的确定。用 EVIEWS6.0 软件选取较大的滞后阶数 8，可以得到 1-8 阶滞后阶数的对数值。SC 和 HQ 统计量判别准则显示出最优滞后阶数为 1。AIC 、LR 和 FPE 统计量的判别准则显示最优滞后阶数均为 3。当各种判别准则的结果不一致时，可以采用中位数法确定选择结果，最终确定滞后阶数为 3。结果经滞后结构检验，发现简化式 VAR（3）模型 AR 特征多项式根的倒数均位于单位圆之内，可确定滞后阶数为 3，模型的稳定性得到保证。

7.3.5　VAR 模型的结果分析

为了得出更准确的结论，将考察的冲击作用期限设为 12 期。其结果如下：

7.3.5.1　一个变量冲击形成的脉冲响应函数分析

在脉冲响应中，分别给 ERY、ERY1、SHR、ID、EE 、EE1、ST 各变量 1 个单位的正向冲击，可以得到德国短期国际资本流动 ST 的脉冲响应函数，如图 7-9 所示。

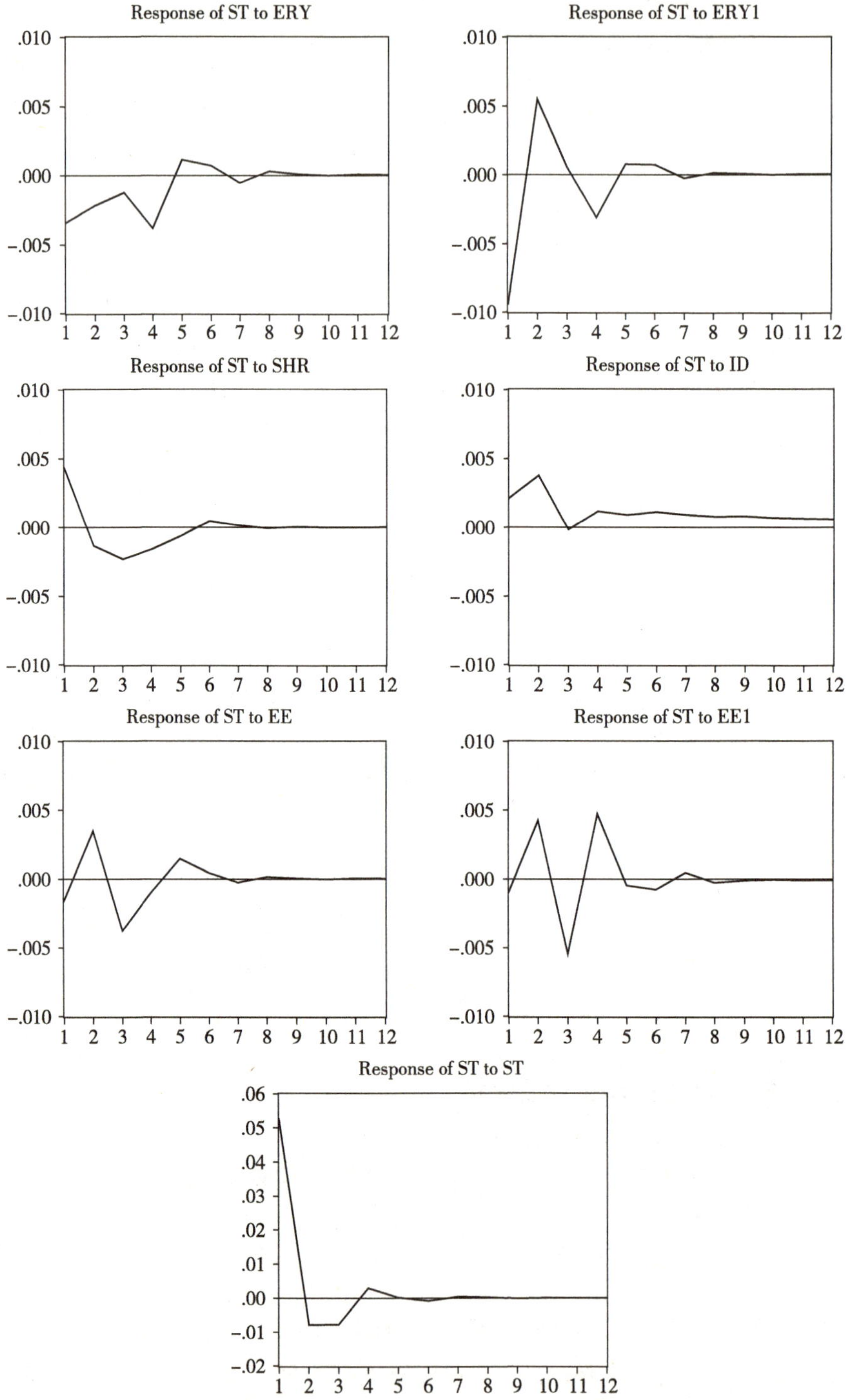

图 7-9　短期德国国际资本流动（ST）对个因素变量冲击的脉冲响应函数

7.3.5.1.1 当德国马克/美元汇率实际变动率（ERY）发生一单位正向冲击后，第1期德国国际资本表现为流出，且影响较大，这种流出状态一直持续至第4期，且在第4期达到最大值。由于选择了直接标价法，马克/美元汇率实际变动率的正向冲击意味着美元的升值，因此德国短期资本流出符合短期资本逐利的规律。

7.3.5.1.2 当德国马克/英镑汇率实际变动率（ERY1）发生一单位正向冲击后，第1期德国国际资本表现为流出，且为最大值，第2、3期则迅速表现为流入，第4期又表现为流出。这说明，德国短期资本对于英镑汇率的变化非常敏感，但同时具有一定程度的不可预测性。

7.3.5.1.3 当美国股票价格变动率（SHR）一单位正向冲击发生后，第一期的德国短期资本表现为流入，但第二期就表现为134单位的流出，并在第3期达到最大值233单位的流出，之后，这种影响开始减弱但会持续较长的一段时期。这表明美国股价的变动对德国短期资本流动的影响具有持续时间长的特点。

7.3.5.1.4 当德英利差变动率（ID）一单位正向冲击发生后，短期资本在第一期就表现为流入，到了第2期达到最大值，第3期出现少量流出，但是随后开始表现为净流入，并一直持续到12期。这显示出德国与英国的利差对短期国际资本流动的有较小影响，但持续时间较长。

7.3.5.1.5 当德国马克/美元远期汇率变动率（EE）1单位正向冲击发生后，短期国际资本在第1期为流出，第2期则表现为流入，第3、4期又表现为流出，且在第3期达到最大值。这说明预期汇率对资本流动具有一定程度的不可预测性。

7.3.5.1.6 当德国马克/英镑远期汇率变动率（EE_1）1单位正向冲击发生后，短期国际资本在第1期为流出，第2期为流入，第3又表现为流出，第4期短期资本又表现为流入，第5期以后又出现较长时间的流出。这说明预期汇率对短期资本流动的影响具有不可预测性。

7.3.5.1.7 当德国国际资本流动（ST）1个单位正向冲击发生后，其自身的反应在第1期最大，第2、3期迅速转为负值。第4、5期又开始表现为流入，第6期又转向负值。这说明德国国际资本自身冲击表现出5个月左右的惯性，但从长期来看，短期资本的流动方向具有不确定性，这符合短期国际资本流动的一般特征。

7.3.6　短期国际资本流动变化的方差分解

表7-4显示了短期国际资本流动的预测方差分解结果。可以看出，短期国际

资本流动预测方差主要由自身变化来解释，这符合短期资本流动波动性强和难以预测的特征。长期来看，约有10%的资本流动方差变化可以由汇率、股票价格和利差等6个变量来解释。由表7-4可以看到，在这6个解释变量中，马克/英镑的实际汇率的变动率解释程度最高，其次为股价变动和马克/美元汇率，利率因素在第1期的影响程度大于马克/英镑、马克/美元的远期汇率变动率，但是在第3期就表现为对德国短期资本流动影响最小的因素。这说明，在德国短期资本流动的三大驱动因素中，资本流动主要受汇率因素影响，受套价因素影响次之，套利对资本流动影响最小。这说明短期资本流出德国的原因主要是由于英镑和美元汇率的变化，短期看实际汇率变动极大影响了资本的流向，但随着时间的延长，远期汇率的变动对资本流动的影响程度在增加。

表7-4　德国短期国际资本流动的预测方差分解结果

时期	标准差	自身解释比例 ST（%）	ERY	ERY1	USSHR	ID	EE	EE1
1	0.054	95.625	0.403	3.060	0.638	0.155	0.087	0.032
2	0.055	93.162	0.542	3.914	0.668	0.614	0.478	0.621
3	0.056	91.763	0.571	3.785	0.817	0.593	0.916	1.554
4	0.057	90.313	1.014	4.017	0.883	0.625	0.931	2.218
5	0.057	90.160	1.052	4.028	0.894	0.649	0.996	2.221
6	0.057	90.071	1.066	4.039	0.899	0.687	1.001	2.237
7	0.057	90.029	1.074	4.039	0.900	0.713	1.002	2.242
8	0.057	90.007	1.077	4.039	0.899	0.732	1.003	2.244
9	0.057	89.988	1.077	4.038	0.899	0.751	1.003	2.244
10	0.057	89.975	1.077	4.037	0.899	0.765	1.002	2.244
11	0.057	89.963	1.077	4.037	0.899	0.778	1.002	2.244
12	0.057	89.953	1.077	4.036	0.899	0.788	1.002	2.244

在界定了短期国际资本的规模后，发现德国在1974-1998年短期国际资本长期呈现流出状态。为了确定影响德国短期资本流动的外部因素，通过判定德国证券投资和其他投资主要流出国，来确定影响德国短期资本流动的国家。计算结果表明，对德国证券投资影响最大的国家是美国，对其他投资影响最大的国家是英国。本书选择了短期国际资本流动以及汇率、资产价格和利差三个因素共7个变量，以1974年1月至1998年12月的月度数据为样本空间，构建VAR模型，采用脉冲响应函数和方差分解等计量方法对影响德国短期资本流动的这三类因素进

行了分析。计量结果显示：德国短期国际资本流动很大一部分能其自身变化来解释，在三大因素可解释的部分中，套汇因素对德国国际短期资本的驱动影响最大，并主要表现为实际汇率驱动；套价影响次之，主要表现为美国股票价格的驱动，套利因素影响最弱，而且随着时间的延长，套利因素的影响在三种因素的影响力中不断下降。

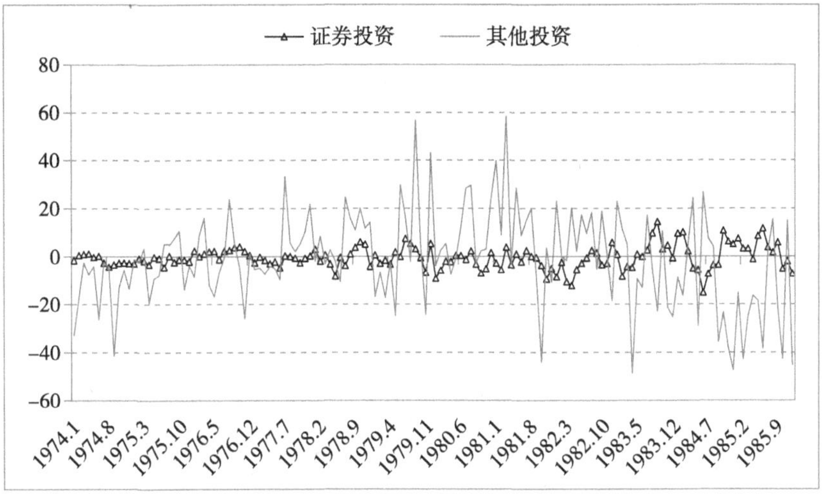

图 7-10　1974-1985 年德国短期国际资本流动

数据来源：CEIC 数据库．　单位：亿欧元。

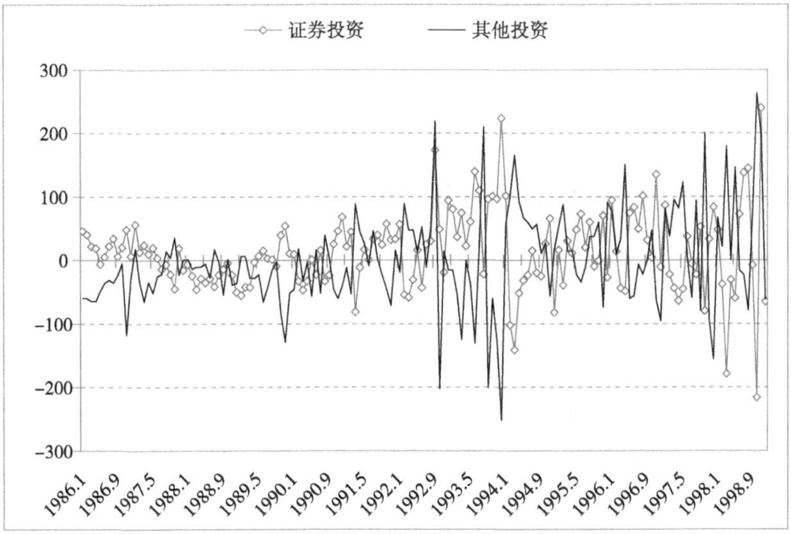

图 7-11　1986-1998 年德国短期国际资本流动

数据来源：CEIC 数据库．　单位：亿欧元。

这一结论具有重要意义。德国从20世纪70年代起直到90年代初两德合并，几乎是一直保持着经常账户顺差（除了1979-1981年间为轻微逆差）。经常账户顺差带来的资金流入必然对应着金融账户下的流出，其中很大一部分是短期的债权型流出，这体现在其他投资流动中，造成了其他投资资金流动额度远大于股票资金的流动。这两个效应可以参看图7-10、图7-11，在1974-1985年间，德国其他投资的月度流动量远大于证券投资，而这一态势在1986年以后有所改观，到了90年代以后，两者的流动水平才大体相当，参见图7-11。

值得研究的是，尽管其他投资的变动规模在很长时期都大于证券投资变动规模，对德国短期资本流动因素的方差预测分析显示，影响德国短期国际资本流动主要因素并不是利差。这也就意味着，德国与英国利差的改变会影响德国短期国际资本的流动，但这并非主要原因。之所以会出现这一局面，与德国商业银行对外汇存款规定的限制有密切关系。德国对外汇现金管理较为严格，规定禁止商业银行存入外国货币超过一定期限，这种期限的限制包括一个月及以内和六个月以内的短期存款。到期时，德国的商业银行必须把外国货币“驱逐出境”，这主要通过借款给外国银行的方式来进行。1980年以后对其他银行的借款成为德国银行的一种主要资产。其借款额在1981年占全部银行借款的14%，1988年上升到22%。[①] 由于对外汇存款的严格规定，短期国际资本表现为流出，这大大减轻了巨额经常项目顺差对货币政策的压力。而经常项目顺差大于资本流出的部分，则可以通过有效冲销化解对货币政策影响。

7.4 德国冲销效果检验

7.4.1 德国央行冲销的主要工具

央行冲销的本质都是通过金融工具来改变基础货币的供应量。根据德国中央银行的年报，德国短期控制货币供应量的主要手段有：再贴现定额，债券抵押的伦巴德贷款，公开市场操作，回购协议交易。

再贴现定额是指德国中央银行对商业银行的贴现规定一定的额度。中央银行依据资金数额、业务活动结构等自身情况确定每家商业银行的贴现定额，并根据

---

① IMF. Capital account developments in Japan and the Federal Republic of Germany: institutional influences and structural changes [M] //IMF. World Economic Outlook. Washington DC: IMF, 1989, April. note5: 84-89.

货币政策目标随时增减再贴现定额。当一国出现国际收支顺差，外汇储备增加时，为了冲销外汇占款增加可能导致的通货膨胀，德国中央银行会减少对商业银行的再贴现定额。相反，当经常项目出现连年逆差，外汇大量流出，德国中央银行会提高对商业银行的再贴现定额。

伦巴德贷款是一种抵押贷款，抵押品往往是有价证券，贷款额与抵押品价值的比率依据证券的性质而有所不同。由于伦巴德利率高于贴现率，商业银行只在再贴现定额用完后或者合格证券匮乏时才使用伦巴德贷款。德国中央银行在接受合格证券抵押的情况下向信用机构发放的伦巴德贷款，期限很短，一般为 1～7 天，最长不超过 3 个月。当央行想控制货币供应量时，可以提高伦巴德利率，商业银行对中央银行的贷款需求下降，当央行想放松银根时，降低伦巴德利率，商业银行的再融资需求上升。

再贴现定额和伦巴德政策是 20 世纪 80 年代以前德国央行控制货币市场的主要手段，但是这两种手段都存在一定的缺陷：一是广泛而且经常的滞后效应，二是这两种工具也不适合货币市场行情微小变化的调整。70 年代末，德国金融市场与国外的金融市场联系越来越紧密，央行迫切需要一个能微调货币市场的积极工具。但再贴现定额和伦巴德政策的调整相对来说力度过大，往往容易引起市场的误解。因此，公开市场政策工具的应用，特别是证券回购交易的广泛使用，以及贴现政策和伦巴德政策随后的降级，开启了德国流动性政策调整的新进程。

德国央行公开市场操作的债券包括长期债券和短期债券。但德国只是偶尔进行长期证券“一次性”操作，并不用回购协议的方式，而且买卖限于长期公债。如果央行持有大量公债，会被公众怀疑央行意在支持政府财政赤字，因此央行对干预长期债券市场持谨慎态度。公开市场操作的短期债券主要是短期国库券的买卖。央行可以通过在公开市场上买卖债券来影响货币供应量的行为。当外汇流入，央行为了抑制本币升值买入外汇，会造成基础货币的增加。此时央行可以通过在公开市场上卖出短期国库券的方法回笼流通领域中过多的资金。如果外汇流出，本币贬值，则卖出外汇，基础货币减少，此时可以在公开市场上买入短期国库券，向市场释放流动性。

1974 年初，德国央行启动了积极的公开市场交易。国家债券在央行资产负债表中的存量，1973 年末为 600 万德国马克，到了 1974 年 12 月增加了 48 倍 。1979 年德国中央银行开始引入按回购协议方式对利率固定的证券进行公开市场操作。这成为中央银行调控货币市场的新方式，到了 20 世纪 80 年代，公开市场政策工具成为供应和改变基础货币的主要手段。

回购协议是指资金融入方在出售证券的同时和证券购买者签订的、在一定期限内按原定价格或约定价格购回所卖证券的协议。回购协议往往为 3 到 30 天的固定期限，而且由央行支配。1985 年初，德国央行做了重大改革，强调使用公开市场操作，特别是回购协议业务来为银行体系提供基础货币。这种交易使德国中央银行获得了再融资的主动权，而在传统的一次性交易中，央行相对处于较被动的地位。

回购协议在外汇冲销中发挥作用是基于，为了稳定马克对美元的汇率，德国中央银行经常被迫干预外汇市场，防止马克过度升值。中央银行买入大量美元，同时向市场相应投放大量央行货币，此时德国中央银行可以向市场出售短期国库券的回购协议，从而可以减小银行扩大贷款或证券投资的规模，同时回笼货币。抑制的效果受到回购协议操作的利率的重要影响。回购协议的利率同时也是一种信号，央行可以用它来引导市场对利率的预期。因此短期证券的公开市场操作实际上不仅仅是央行的流动性政策，还构成了央行的利率政策的一部分。

回购协议交易的灵活性使其成为德国央行控制货币量的重要工具。1980 年证券回购交易在基础货币创造中占的比例为 4.48%，到了 1989 年达到 46%，20 世纪 90 年代甚至超过了 60%。

公开市场操作的灵活性更适应冲销因外汇流动引发的基础货币变动，这种交易在基础货币创造中所占的比例越来越大，因此，选择公开市场操作总量作为研究德国中央银行冲销额度，要比再贴现额度和伦巴德贷款更有说服力。

7.4.2 理论模型的建立

方先明（2006）和曲强等（2009）参照和修正 Kumhof（2004）的理论模型，建立了研究中国货币冲销政策有效性的模型。本书参考以上学者的研究模型，货币数量论的理论分析框架为基础，假定在国际收支平衡阶段，t_0时期为基期，根据费雪方程，可以得到：

$$P_0 = M_0 V_0 / Y_0 \tag{7-15}$$

其中 P_0是 t_0时期的物价水平，M_0是流通中的货币量，V_0为该时期的货币流通速度，Y_0是 t_0时期的社会总产出。该等式表明，流通中的货币量，货币的流通速度与社会总产出几个变量共同决定了物价水平。

在 t_1 阶段，国际收支顺差余额为 Δf_1，货币乘数为 k_1，则此时央行的国外净资产为：$f_1 = f_0 + \Delta f_1$，由于可以根据德国中央银行各年年报直接获得德国中央银行持有的国外净资产的马克值，因此可以将国外净资产增加导致的货币供应量的增长额确定为 $k_1 \Delta f_1$，其单位为德国马克。另外可以假设新增央行外汇占款以比率 a 流入商品和劳务市场，流入金融市场的那部分新增外汇占款比率为（1-a）[①]，由此形成的物价上涨压力的外汇占款为 $ak_1 \Delta f_1$，费雪方程可变形为：

$$P_0 + \Delta P_1 = (M_0 + ak_1 \Delta f_1) V_1 / Y_1 \quad (7\text{-}16)$$

由于货币流通速度在一定时期内可以看作不变的，即有 $V_0 = V_1 = V$，进一步假定在短期内，经济的产出水平也不变（$Y_0 = Y_1$），对等式（7-16）进行变形，可以得到物价变动的如下表示：

$$\Delta P_1 = (ak_1 \Delta f_1) V / Y_0 \quad (7\text{-}17)$$

等式（7-17）表明，如果 $\Delta f_1 > 0$，则 $\Delta P_1 > 0$。也就是说央行外汇占款的增加会引起物价的上升，也就是通货膨胀。如果一国货币当局采用货币冲销手段进行干预，在其他经济变量保持不变的前提下，改变央行的资产负债结构，也就是通过部分吸收等式（7-17）中的 $ak_1 \Delta f_1$，可以降低 ΔP_1。但是，货币冲销过程中，吸收因央行外汇占款增加而增发的基础货币会影响社会总产出的变化，这会导致物价水平变化的不确定性。另外，根据 Calvo et. al（1998）的研究，经常性的货币冲销会导致国内利率的上升，企业经营成本上升，投资降低，总产出下降。在货币供给不变的前提下，根据费雪方程，物价会上涨，同样这会导致物价变动的不确定性。

假设货币冲销所吸收的基础货币与因外汇占款所增发的基础货币的比率为 r，冲销后社会从产出的变化量为 ΔY_1，$Y_1 = Y_0 + \Delta Y_1$，则变动后的物价水平为：

$$\Delta P_1 * = [(1-r) ak_1 \Delta f_1 V - P_0 \Delta Y_1] / (Y_0 + \Delta Y_1) \quad (7\text{-}18)$$

如果 $\Delta P_1 > \Delta P_1 *$，说明实施冲销后物价水平上涨幅度小于不冲销的涨幅，此时货币政策有效。将（7-17）和（7-18）式带入，可以得到货币政策有效的不等式

$$(ak_1 \Delta f_1) V / Y_0 > [(1-r) ak_1 \Delta f_1 V - P_0 \Delta Y_1] / (Y_0 + \Delta Y_1) \quad (7\text{-}19)$$

简化可得：

$$r > [P_0 / (ak_1 \Delta f_1 V) + 1/Y_0](Y_0 - \Delta Y_1) \quad (7\text{-}20)$$

---

① 流入金融市场的那部分外汇占款最终也会流入到商品和劳务市场中，因此，在实际分析中常将取 a = 1。

等式（7-20）成立则说明货币冲销政策是有效的。另外，货币冲销力度的大小可以用不实施冲销时物价变化量与实施冲销时物价变化量的差占不实施货币冲销时物价变化量之比来衡量，数值越大，说明冲销力度越大。用等式可表示为：

$$g=1-\Delta P_1*/\Delta P_1=1-[(1-r)-P_0\Delta Y_1/ak_1\Delta f_1V]/(Y_0+\Delta Y_1) \qquad (7-21)$$

在实证检验中，由于绝对的物价水平 P_0 是难以衡量的，所以可根据费雪方程中的 $P_0=M_0V_0/Y_0$，将等式（7-20）和（7-21）变换为：

$$r*>[(1+M_0/(ak_1\Delta f_1)][(Y_0-Y_1)/Y_0] \qquad (7-22)$$

$$g*=1-[(1-r)-M_0\Delta Y_1/ak_1\Delta f_1Y_0)/(Y_0/Y_1) \qquad (7-23)$$

货币冲销弹性可以表示为：

$$e=g/r=g*/r* \qquad (7-24)$$

等式（7-24）中的货币冲销弹性反映物价变动率对货币冲销率是否敏感。越大的弹性说明物价变动率对冲销率越敏感，中央银行实施货币冲销的效果越好。如果弹性系数大于 1 时，说明不需要全额冲销，央行就可以实现抑制通胀的目的。

7.4.3 实证检验

对德国中央银行实施货币冲销政策有效性的效果可以依照以下步骤展开：首先可以依据（7-22）式判断德国中央银行实施冲销政策的有效性，如果有效，则根据公式（7-23）计算货币冲销的力度，再根据公式（7-24）计算货币冲销的弹性。

选择年度数据来检验在上述理论框架下德国中央银行冲销情况。所用的数据包括：央行外汇占款（F）、基础货币存量（B）、狭义货币供应量（M1）、国内生产总值（GDP）以及货币冲销所吸收的基础货币量（MA）。其中外汇占款（F）、基础货币存量（B）数据来自德国中央银行 1974-1990 年各年年报的央行资产负债表，狭义货币供应量（M1）、国内生产总值（GDP）数据来自 IFS 网站。

虽然德国中央银行进行短期货币量控制的手段有再贴现定额、伦巴德贷款等，但正如第二部分所分析的，这些手段都不适应调整货币市场行情的微小变化，而且从 20 世纪 70 年代末以来，回购协议交易在基础货币的创造中所占的比例越来越大，因此我们选择将公开市场操作①与回购协议金额的总和作为德国央

---

① 根据 1978 年德国中央银行年报，此公开市场操作交易指央行进行的不包括回购协议的流动性债券和长期债券买卖。见：Deutsche Bundesbank. Report of the Deutsche Bundesbank for the Year 1978，P29.

行冲销所吸收的基础货币量。公开市场操作和回购协议金额来自德国中央银行1974-1990年各年年报Monetary developments表，经作者计算得出德国中央银行冲销所吸收的基础货币量（MA）。

由于是基于货币数量论构建了货币冲销减缓通胀压力的模型，只有当外汇占款增加引发了流动性增加时，央行才采用各种手段进行冲销，因此可认为德国央行只在外汇占款增加的年份才会执行冲销。另外，根据第二部分的分析，央行冲销的原理是改变资产负债表的结构，当$\Delta NFA=-\Delta NDA$时，可认为央行实行了完全冲销。因此只有当国内资产变动与外汇占款变动方向相反时，才可认为央行实行了冲销。这里也即MA为负值时，可认为德国央行实行了冲销。据此我们可以得到德国1974-1990年实际冲销情况，如表7-5。

表7-5　1974-1990年德国中央银行实际冲销情况

年份	公开市场操作（十亿）	再回购额（十亿）	冲销总额（MA）（十亿）	外汇占款变化值（十亿）	外汇储备增加年份	实际冲销年份
1974	-1.5	0	-1.5	-1.61		
1975	11.6	0	11.6	1.546	✓	
1976	-8.6	0	-8.6	0.702	✓	✓
1977	-0.7	0	-0.7	4.597	✓	✓
1978	-3.5	0	-3.5	15.74	✓	✓
1979	2.7	0	2.7	-20.5		
1980	4.9	6	10.9	-9.22		
1981	-0.1	4.4	4.3	-5.33		
1982	1.5	-1.4	0.1	1.71	✓	
1983	2.4	6.6	9	-1.16		
1984	-3.9	7.7	3.8	-0.32		
1985	0.1	16.5	16.6	2.002	✓	
1986	1.4	-9.5	-8.1	10.7	✓	✓
1987	1	-5.5	-4.5	18.08	✓	✓
1988	0.4	50.4	50.8	-18.1		
1989	-0.4	26.7	26.3	8.126	✓	
1990	-0.3	13.3	13	6.203	✓	

注："✓"表示外汇占款增加和德国央行进行了冲销；MA表示冲销所吸收的基础货币量。单位：德国马克。

由表7-5可以看出，1974-1990年德国外汇占款增加的年份共有10年，其中德国中央银行进行冲销的年份共 5 年。根据第三部分的理论推导，当 $r^* > [(1+M_0/(ak_1\Delta f_1)][(Y_0-Y_1)/Y_0]$ 时，德国中央银行的冲销有效，经计算，1974-1990 年德国中央银行冲销效果如表 7-6 所示。

表 7-6　1974-1990 年德国中央银行货币冲销的效果

时间	$r=\frac{MA}{af1}$	$(1+\frac{M0}{ak1f1})\frac{Y0-Y1}{Y0}$	是否有效	冲销力度 g	冲销弹性 e
1974	——	-1. 78	——	——	——
1975	——	-1. 42	——	——	——
1976	12. 25	-1. 79	✓	13. 53	1. 104713
1977	0. 152	-0. 34	✓	0. 464	3. 044423
1978	0. 222	-0. 14	✓	0. 345	1. 549964
1979	——	0. 058	——	——	——
1980	——	0. 25	——	——	——
1981	——	0. 356	——	——	——
1982	——	-1. 59	——	——	——
1983	——	1. 154	——	——	——
1984	——	3. 408	——	——	——
1985	——	-0. 65	——	——	——
1986	0. 757	-0. 19	✓	0. 919	1. 213927
1987	0. 249	-0. 06	✓	0. 305	1. 225106
1988	——	0. 057	——	——	——
1989	——	-0. 33	——	——	——
1990	——	-0. 43	——	——	——

注：(1) 在计算中取 a=1，货币乘数 $k_1=M_1/B$。(2) "✓" 表示冲销有效，"×" 表示冲销无效；未冲销年份用 "——" 表示；MA 表示冲销所吸收的基础货币量。

经过检验，表 7-5 中的结果说明了以下问题：

在 1974-1990 年这 17 个样本期间内，德国中央银行有 10 年的外汇占款出现了增长，但实际进行冲销的年份只有 5 年。这其中每个年份德国央行不实施冲销的原因各不相同。在某些年份中，通胀率本身就处于较低水平，外汇占款导致的流动性增加的压力相对来说较小，如 1985 年的通胀率为 2. 1%。另外，德国中央银行不实施冲销政策也与当时的经济状况相关。1975年德国面临如何从石油危机导致的紧缩中早日复苏，失业率当时为4%。德国央行执行扩张性的货币政策，在4月末降低了抵押贷款利率，5月22日再次降低了抵押贷款利率和贴现率，10月23日，德国中央银行在公开市场上买入75亿德国马克的债券，其目的是为了商业银行提供更多的流动性。[①] 类似的年份还有1982年。1979-1981年德国的货币政策以紧缩和反通胀为标志，但这造成了德国经济的下滑，德国的失业率上升到6.7%，1982年央行将货币政策更多的转向支持经济回暖，在这一年中，德国央行分几次将贴现率从7.5%下调至5%，抵押贷款利率从9%下调至6%。比较特殊的年份是1989年，这一年通胀率为2.9%，德国央行早在1988年年中就开始执行紧缩的货币政策，但是这一年央行外汇占款的增加并没有对应的冲销政策，其原因在于1989年大量的资本流出德国。由于德国马克的走强，外汇市场对德国马克的需求大大增加。国外货币机构从德国商业银行借出了570亿德国马克，国内的投资者则增加了短期资本出口（约450亿）[②]。这造成德国国内流动性的匮乏，为了应对这种局面，1989年6月，德国中央银行将1个月到期的回购协议延长为2个月，并在1989年9月增加了商业银行的一般性再贴现定额。1990年东西德合并，德国马克成为统一后德国的唯一法定货币，马克的使用范围一下扩大，联邦德国中央银行必须提供足够的流动性来应付西德对德国马克的需求，中央银行对商业银行提供的流动性大幅增加，截至1990年底，中央银行通过伦巴德贷款、再贴现以及回购协议等手段为商业银行提供的流动性增加了350亿德国马克。

在冲销的5个年份里，德国中央银行的冲销效果都显示有效，这说明德国中央银行利用回购协议交易能有效地降低通货膨胀率。在这5个冲销有效的年份里，货币冲销的力度具有差异性，1976年德国中央银行的冲销力度达到13.5，远远大于其他年份，这主要是因为在1976年德国马克兑美元再次升值，并相对欧洲货币联盟内的其他货币升值，仅在1976年8月，为了维持马克相对于欧洲其他货币的汇率区间，德国银行体系不得不买入70亿德国马克。到了年底，德

① Deutsche Bundesbank. Report of the Deutsche Bundesbank for the Year 1975 [R]. Frankurt: Deutsche Bundesbank, 1975: 18.

② Deutsche Bundesbank. Report of the Deutsche Bundesbank for the Year 1989 [R]. Frankurt: Deutsche Bundesbank, 1989: 30.

国中央银行和商业银行系统因为外汇买入投放的货币达到83亿德国马克。[①] 外汇市场的干预使德国流动性急剧膨胀，德国中央银行冲销这种压力的主要工具就是固定期限的公开市场操作。[②] 1976年8月德国中央银行手中持有的债券由60亿德国马克到了11月底就只剩下15亿德国马克。1976年德国中央银行的外汇占款只有7亿德国马克，而公开市场上回笼的货币达到84亿德国马克，这导致了计算结果出现了较大的冲销力度，其他年份中德国冲销力度都控制在1以内。1977和1978年美元走弱，德国和美国开始对外汇市场进行了联合干预。1978年3月13日美国和德国政府发布了关于继续联合干预外汇市场的共同声明，其具体的行动包括美国卖给德国6亿特别提款权，买入德国马克，从而干预外汇市场。[③] 同样，德国也加大了对外汇市场的干预力度，1977年德国中央银行因为外汇市场干预增加的外币资产达到105亿德国马克，1978年前三个月达到45亿。这种联合干预增加了德国基础货币的投放，德国1977年通过公开市场操作吸纳了7亿德国马克的流动性，但同时减少伦巴德贷款和特殊伦巴德贷款共65亿德国马克，1978年通过公开市场操作回笼了36亿德国马克。1986年德国与世界其他工业国家一样处于经济增长阶段，德国中央银行执行宽松的货币政策。1986年德国马克兑美元有很强的升值压力，这导致了资本大量流入，德国中央银行通过减少再贴现额度和回购协议等手段回笼了共151亿马克的资金，但德国中央银行同时把贴现率、伦巴德利率和回购利率下调了0.5%，德国中央银行是想发出这样的信号，回收流动性并不意味着紧缩性货币政策的开始。德国中央银行执行宽松的货币政策主要是考虑到世界能源价格的下降，认为对通胀的影响比较小。[④] 1987年由于欧洲货币体系的动荡以及《卢浮宫协议》，德国当年增加的外汇资产达到181亿德国马克。马克的升值压力使德国下调短期利率来加大与美元的利差，1987年德国中央银行将伦巴德利率下调至4.5%，贴现率下调至2.5%（历史最低水平），回购协议利率为3.25%。另外德国中央银行通过减少回购协议交易质押存量，减少再贴现额度以及提高存款准备金等手段来回笼流动性，1987

---

① Deutsche Bundesbank. Report of the Deutsche Bundesbank for the Year 1982 [R]. Frankurt: Deutsche Bundesbank, 1982: 31.

② Deutsche Bundesbank. Report of the Deutsche Bundesbank for the Year 1976 [R]. Frankurt: Deutsche Bundesbank, 1976: 16.

③ Deutsche Bundesbank. Report of the Deutsche Bundesbank for the Year 1977 [R]. Frankurt: Deutsche Bundesbank, 1977: 46.

④ Deutsche Bundesbank. Report of the Deutsche Bundesbank for the Year 1986 [R]. Frankurt: Deutsche Bundesbank, 1986: 36.

年全年，德国中央银行的各项流动性政策①（存款准备金、再融资手段、公开市场操作、回购协议交易和其他辅助手段）都表现为货币的回笼，德国中央银行通过各种流动性政策手段共回笼了225亿德国马克。②

在实证检验的样本期间内，德国中央银行冲销的弹性（e）都大于1，在1977年达到3.04。大于1的冲销弹性意味着在实际的冲销过程中，德国中央银行不必进行全额冲销（ΔNFA=-ΔNDA），采用部分冲销就可以实现抑制通胀。这主要是因为德国中央银行不仅可以在市场上通过回购协议回笼货币，还可以通过改变回购协议利率来影响市场对流动性的需求。由于贴现率和伦巴德利率不能每天小幅变化，并且利率的调整会被认为是货币政策方向根本性的改变，因此1985年2月中央银行决定将可逆回购协议交易作为控制基础货币量的主要工具，德国央行通过把伦巴德利率从5.5%提高到6%，同时增大回购协议的交易量来为商业银行提供更多的流动性。通过这种改变，回购协议利率逐渐成为货币市场其他利率的重要指导性利率。央行可以通过调整回购协议利率向市场发出信号，通过货币传导机制间接影响货币量。因此德国中央银行可以通过回购协议交易直接和间接地影响货币供应量。

7.5　小结及启示

德国的经验对中国有两点启示：一是汇率因素在资本流动中发挥了主要作用，因此汇率弹性的增大对资本流动的影响会加大。二是德国为了保持国际收支的平衡，对短期外汇的存款期限进行限制，从而导致短期外汇资本流出，这在很大程度上减轻了经常账户顺差带来的压力。三是由于德国对外汇存款实行严格管理，导致利差因素在短期资本流动中发挥的作用较小。从这个角度来说，货币政策当局的利率政策的制定和执行可以较少地关注外部目标，而更多地关注国内目标，对短期国际资本的调节可以更多地依靠汇率因素。回顾德国的历史，德国的货币政策在制定上确实更多地关注国内目标，而将外部目标放在次要位置，从而实现了有效的控制通胀和刺激国内经济发展。尽管德国已经是资本高度开放的国

① 德国流动性政策分别是：Change in minimum reserves ，Change in refinancing facilities，Open market operations（with non-banks，in " N paper" - excluding short-term sales of Treasury bills - and inlong-term securities），Securities repurchase agreements，Other assistance measures in the money market.

② Deutsche Bundesbank. Report of the Deutsche Bundesbank for the Year 1987 [R]. Frankurt：Deutsche Bundesbank，1987：37.

家，但对外汇存款的规定还是一定程度上影响了资本的流向。与德国经历类似，人民币汇率弹性的变化和中国对资本流出的鼓励改变了中国国际收支失衡的局面。2007 年 5 月 21 日，中国银行间即期外汇市场人民币兑美元交易价浮动幅度，由 0.3%扩大至 0.5%。此后在 2012 年 4 月 16 日、2014 年 3 月 17 日连续两次将浮动幅度扩大至2%。2015 年 8 月 11 日，中国人民银行完善人民币兑美元汇率中间价报价机制，中间价报价机制更加市场化，人民币汇率的波动弹性不断增大。同时中国加快了资本账户开放的速度，特别是对资本流出的管制。2008 年之后，借助发达国家经济放缓，资产价格下降的机会，中国推出了合格境内机构投资者（QDII）方式来鼓励资本流出，同时采用藏汇于民的手段，明确境内个人年度购汇总额由以前的 2 万美元大幅提高到 5 万美元。汇率政策和资本账户调整的效果很快在国际收支上显现出来。中国正从经常项目和资本项目“双顺差”的旧常态进入“经常项目顺差、资本项目逆差”的新常态。

1974-1990 年德国中央银行冲销外汇占款经验对中国有以下启示：以回购协议为主要工具的公开市场操作能有效地抑制因为外汇占款增加导致的通货膨胀。德国中央银行冲销实施冲销的年份冲销弹性都大于 1，这表明德国中央银行不必全额冲销就可以达到降低通货膨胀率的效果，这是因为德国中央银行将回购协议作为控制基础货币量的主要冲销工具，回购协议利率成为货币市场的主导利率，央行通过公开市场上的回购协议买卖，不仅可以直接回笼基础货币量，还可以通过利率效应间接影响货币供给。另外，德国中央银行在外汇占款增加的年份里并没有都实行冲销，其原因各不相同。可以看出，德国中央银行的冲销也是一个相机抉择的行为。在国际投机资本大量流入强烈冲击德国货币政策的时期，德国中央银行灵活使用各种工具来冲销外汇占款带来的压力。在外汇占款增加而德国央行没有冲销的年份里，回购协议交易成为德国央行灵活调整流动性的工具，在德国央行控制货币稳定和刺激经济发展中起到了重要作用。

中国冲销的主要工具是准备金政策和公开市场操作。① 尽管在很多国家准备金的调整被看作货币政策调整的“利器”，但是在基础货币供应过剩的情况下，使用存款准备金能够长期的冻结流动性，更适合应对中长期和严重的流动性过剩局面。上调存款准备金率不但可以锁定部分基础货币，还可以降低货币乘数，对

① 张晓慧．国际收支顺差条件下货币政策工具的选择、使用和创新［EB/OL］（2011-3-24）．［2013=12=15］．http：//www.pbc.gov.cn/publish/goutongjiaoliu/524/2011/20110324100726785335219/20110324100726785335219_.html.

货币供应量有着更深的调整效力。另外中国目前公开市场操作中主要的工具是发行央行票据，而不是类似于德国的回购协议，这主要是因为回购协议和债券的买卖受到央行持有债券资产规模的约束，特别是 2003 年流动性过剩压力的增大，导致了央行开始在公开市场操作上进行创新，采用央行票据来作为主要工具进行对冲。但是随着央票发行规模的不断扩大，到期票据的偿付给央行带来巨大的偿付压力，另外大量增发央行票据势必推高货币市场利率，扰乱货币市场的正常运行。采用新型的冲销工具将有助于减缓外部环境对国内货币政策干扰。

尽管中国现在已经由双顺差格局转向国际收支平衡的状态，但货币政策仍然会因为维持汇率稳定收到干扰。反观德国货币政策能在外部环境失衡的条件下发挥作用，主要源于德国央行以回购协议作为公开市场操作的主要工具，不仅可以直接回笼基础货币，还可以通过利率效应间接影响货币市场。同时利率市场自由化使得回购协议利率成为市场主导利率，并能发挥影响货币乘数的功能。中国近些年加大了回购协议的使用规模，同时中国放开了活期存款和一年以内（含一年）定期存款利率上限，中国利率市场化已经取得了一定进展，但是真正发挥市场配置作用还需要一定时间。中国可借鉴德国回购协议操作的经验，为货币政策提供更大的操作空间。

第八章　德国三元悖论政策组合效果概述及对中国的启示

三元悖论指出，在一定时期中，一国货币当局无法同时实现资本自由流动，独立的货币政策以及稳定的汇率体制三大目标，最多实现两个目标。但现实中失去部分独立性的货币政策、汇率被动升值的浮动汇率制、资本不完全流动的三元悖论中间状态的政策组合也能实现经济的良好运行。德国 1974-1990 年的历史证明了这一点。

8.1 德国三元悖论政策组合效果概述

本书首先指出三元悖论虽然为一国政策制定者提供了政策组合取舍的原则，但是该理论只分析了角点状态，即汇率严格固定、资本自由流动和货币政策完全独立之间的选择，而现实中存在众多汇率波动遭被动干预、资本流动受到一定管制、货币政策因“溢出效应”而不具备完全独立性的经济体。如何在中间状态的政策组合下实现对经济的有效调节，需要理论上的论证和实践的验证。20 世纪 70-90 年代，尽管积累了巨额经常项目顺差，但德国经济发展明显较其他西方国家更稳定，其政策操作的实践经验和理论内涵极富价值。

第二章对已有的重要文献进行了梳理，发现现有关于三元悖论政策组合效果的探讨以实证研究为主，理论研究相对较少。鉴此，本书有必要在中间状态下货币政策有效性的理论分析上展开讨论。

第三章首先提出三元悖论中间状态的概念，进而对三元悖论中间状态的不同形式进行了理论上的界定，最后结合德国的具体情况，从汇率制度弹性、资本账户开放度、货币政策独立性三个方面对德国的政策组合作出判断。结论是 1974-1990 年间，德国采取了资本不完全开放、存在被动干预的浮动汇率制度、失去部分货币政策独立性的政策组合。

第四章建立了三元悖论中间状态的 M-F 模型，据此讨论在资本不完全流动、汇率被动波动的浮动汇率制、货币政策失去部分独立性时，货币政策对经济调节的效果。结论是中间状态下货币政策可能有效。进一步结合德国政策组合的情况，对其巨额经常项目顺差引发的汇率升值和国际收支失衡问题进行了探讨。结论是德国马克小幅升值、资本流出和有效冲销可以减小巨额经常项目顺差对货币政策的消极影响，保证货币政策实施的效果。

第五章先对 1974–1990 年德国经济运行及货币政策实施情况进行了描述和分析，发现德国此阶段利率政策发生多次变化，尽管有汇率变动的影响，德国的货币政策仍实现了对经济的有效调节，保证了经济的增长和物价的稳定。接着用 VEC 模型进行了验证，结论是三元悖论中间状态时期，德国中央银行的货币政策仍然可以有效调节经济，货币政策有效性显著。德国的通胀率相比于其他发达国家显然要低得多。

第六章分析德国应对升值压力、维护货币政策有效性的汇率政策。由于同期日本面临类似的汇率升值压力，但应对政策的差异产生了明显不同的效果，对比鲜明、颇具典型性，本章采取了德日对比的方法，经过对比发现汇率升值对日本产出的影响明显大于德国。其原因在于，借助欧洲货币体系的联合浮动机制和干预机制，德国与其他成员国的利益紧紧捆在了一起。作为有共同利益的盟友，法国、意大利与英国在汇率问题上更倾向于支持德国。德国在与美国的谈判过程中能获得众多盟友的支持，其实力大大超过势单力孤的日本。因此，在经常账户同样出现巨额顺差的情况下，德国得以保持相对平稳的汇率波动，对经济的冲击相对来说要缓和得多。

第七章分析了德国如何减小经常项目顺差对货币供给的影响。短期资本的流出大大减轻了巨额经常项目顺差的压力，多余的外汇储备则可以通过有效冲销来消除对货币供给的影响。对德国资本流动因素的分析表明，德国中央银行对外汇存款的管理制度和汇率因素是引发德国资本大量流出的主要原因。以回购协议为主要工具的公开市场操作能有效地抑制因为外汇占款增加导致的通货膨胀。由于德国中央银行将回购协议交易作为控制基础货币量的主要冲销工具，回购协议利率成为货币市场的主导利率，央行通过公开市场上的回购协议买卖，不仅可以直接回笼基础货币量，还可以通过利率效应间接影响货币供给。因此德国中央银行不需要全额冲销就可以达到降低通货膨胀率的效果。

德国 1974–1990 年的历史展示了三元悖论中间状态的政策组合如何实现货币政策的有效。尽管面临巨额经常项目顺差带来的升值压力，但德国借助欧洲货币体系（EMS）集体的力量减小了汇率升值的幅度，降低了对经济增长的消极影响；而巨额经常项目顺差对货币供应量的冲击则通过资本外流以及中央银行的有效冲销来化解，最终保证了货币政策的有效性。德国的经历与人民币贬值前的中国有很大的类似性，尽管中国现在国际收支失衡问题已经大大缓解，但了解不同类型国家转型期间的教训和经验，将对我国下一步的改革提供借鉴意义。

8.2 中国的三元悖论政策组合及存在问题

三元悖论的政策组合是一个动态变化的过程，特别是对位于中间状态组合的经济体来说，本国经济形势和外界经济形势的变动，都会影响一国政府政策组合方向的变化。1994 年 1 月 1 日，中国开始实行以市场供求为基础的、单一的、有管理的浮动汇率制，中国积极扩大出口，同时放开对资本流入的管制，这导致 1999-2011 年中国出现了连续 13 年的经常账户和资本金融账户的双顺差格局。持续双顺差的结果之一是中国外汇储备规模的迅速积累，最高时接近 4 万亿美元，成为世界上外汇储备量最多的国家。外汇占款的增加造成基础货币的被动投放，影响了中国货币政策实施的效果。同时持续的双顺差也带来人民币的升值压力，对于出口导向型国家来说，本币的升值会通过影响出口影响国内经济增长的速度。2005 年人民币汇率改革之后，人民币不断升值，这种情况历时 10 年，此期间中国实行有管理的浮动汇率制度，资本账户尚未完全开放，货币政策也因为巨额的外汇储备和对汇率的干预而受到影响。中国处于三元悖论政策组合的中间状态，中国要解决的难题是如何在巨额外汇储备下和维持汇率稳定的前提下，保证货币政策的有效实施。中国政策改革的方向是通过扩大汇率制度的弹性来减轻升值压力，加快资本账户开放速度，同时保持货币政策的独立性。在三元悖论的框架下，中国选择了浮动汇率制度、开放的资本账户和独立货币政策的战略发展方向。

8.2.1 弹性增大的有管理的浮动汇率制度

汇率制度本质上不过是反映不同国家之间货币市场的一种联系，是一种从属于货币稳定政策的选择。但是汇率制度是国家货币稳定机制的组成部分，涉及一个国家的资本流动、货币政策的效用，因此汇率制度的选择会对该国的资本账户、货币政策效果产生影响，甚至影响该国货币国际化进程。其次，不同汇率制度的选择给政策实施者带来的操作空间也不同，相对来说，浮动汇率制度的政策实施者在货币政策上有更大的选择，因此不同汇率制度的选择在制定长期金融战略时，就显得非常重要。

回顾世界汇率制度选择的历史，布雷顿森林体系的成立和解体成为重要的分水岭，这也成为各国放弃固定汇率制度，转而执行浮动汇率制的开端。但事实上，目前世界上存在许多介于固定汇率制度和浮动汇率制度之间的中间汇率制度，即使是宣称完全浮动汇率制度的国家，也会或多或少地对外汇市场进行干预。对于实行中间汇率制度的国家，汇率制度趋于角点解的哪一极成为长期金融战略制定的关键。中国的汇率制度改革的进程，可以看到中国不断向着更加开放的浮动汇率制度迈进。

1994 年 1 月 1 日，中国开始实行以市场供求为基础的、单一的、有管理的浮动汇率制。人民币汇率单一盯住美元，此制度持续了 11 年之久。在此期间，中国经济增长飞速，经常项目和资本项目“双顺差”不断扩大，同时积累了大量的外汇储备，在全球经济陷入低谷的背景下，人民币币值低估及中国汇率政策，成为发达国家特别是美国向中国施压的借口。

2005 年 7 月 21 日，中国人民银行正式宣布，废除原先盯住单一美元的汇率政策，开始实行以市场供求为基础、参考一篮子货币进行调节的浮动汇率制度。当天，美元兑人民币官方汇率由 8.27 调整为 8.11，人民币升幅约为 2.1%。此后，人民币兑美元汇率进入上升通道，而央行随后的举措也显示出向浮动汇率制度改革的决心。2007 年 5 月 21 日，中国银行间即期外汇市场人民币兑美元交易价浮动幅度，由 0.3%扩大至 0.5%。2012 年 4 月 16 日，该浮动幅度由 0.5%扩大至 1%。时隔不到两年，2014 年 3 月 17 日浮动幅度再次由 1%扩大至 2%。

人民币汇率形成机制包括两个部分：一是中间价的确定；二是人民币兑美元在中间价基础上的浮动区间。从 2007 年到 2014 年，央行关于汇率制度改革的重点是扩大人民币兑外币浮动区间，人民币兑美元的幅度区间从汇率改革初期的 0.3%扩大到目前的 2%，波动幅度扩大了 5.6 倍。但是中间价基本盯住美元，中国经济存在下行压力时，中间价形成机制由于缺乏弹性无法反映真实的市场供求状况。2015 年 8 月 11 日，中国人民银行决定完善人民币兑美元汇率中间价报价机制，中间价报价机制更加市场化，报价的时候除了主要参考前一天的收盘价，还要考虑外汇市场供求关系和这一夜欧美市场的变化。

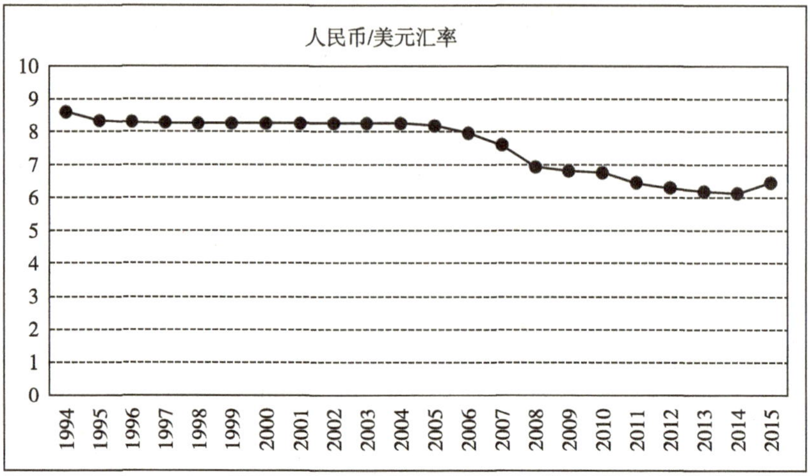

图 8-1　人民币/美元汇率图

数据来源：WORLD BANK.。

人民币汇率弹性的扩大在人民币兑美元汇率上明显体现出来。由图 8-1 可以看出，1994-2005 年之前，人民币兑美元汇率保持平稳，11 年升值幅度为 3.8%，年均变化率 0.34%。2005 年人民币进行了汇改，2005-2014 年这 10 年间，人民币兑美元汇率由 8.21 升值到 6.14，升值幅度为 25%，年均变化率为 2.5%。中国汇率由升值转向贬值的预期转折始于 2014 年初，并在 2015 年 8 月“新汇改”得到确认，已持续 10 年的强势人民币周期终结。截至 2016 年 12 月 30 日，人民币自汇改以来已贬值 7.6%，年均变化率为 5.1%。

可以看到，中国的汇率波动弹性在不断加大，人民币汇率形成机制在向着市场化迈进。“我们的目的是市场决定汇率，让市场的供求关系在汇率决定中起决定性作用。”但这并非放任汇率任由市场供求决定，中国在接下来的改革进程中，会长期坚持有管理的浮动汇率制度，因为“它既体现了市场的弹性、市场汇率调整的灵活性，同时又在市场波动过大的时候，能对它进行有效的管理，使得整个市场对汇率的机制更加有信心，而且使整个市场和经济运行更加平稳。”[①]可以预见，人民币汇率形成机制将向着更加灵活的方向改革，但同时央行不会放弃对汇率的干预，中国的汇率制度将在中间状态持续较长一段时间。

---

① 易纲：汇率调整是市场因素决定 非央行强制干预［EB/OL］. 中国青年网．（2015-8-13.）［2017-1-7］http：//finance. youth. cn/finance_ gdxw/201508/t20150813_ 6998613. htm.

8.2.2　逐渐开放的资本账户

资本账户的管理，从某种意义上说，是汇率制度的一种补充。一般来说，对汇率实施不同程度控制的国家，往往需要一定程度的资本账户管制，这样可以为国内的货币政策操作提供一定的空间。但是资本账户的管制也意味着资本不能自由流动，从而无法享受全球资源的有效配置。

资本项目管理是对跨境资本交易（包括转移支付）和汇兑活动的限制。我国目前的资本管制是通过三个互相交互的层面来实现。一是对跨境资金交易行为本身进行的管制，主要是由中国发改委、中国人民银行、银监会和商务部等部门实施。如金融机构对外借款，首先必须是国家外汇管理局批准经营外汇的金融机构，其次借款指标必须获得外管局的审批、管理和监督。外管局会在汇兑环节对跨境资金交易进行管制，如跨境资金汇入、汇出以及外汇和人民币的兑换都由外管局负责管制，具体操作中则相当一部分授权商业银行执行。最后金融机构外汇业务也要受到外管局的审慎监管。

根据中国资本项目管理的历史沿革，资本管制政策逐渐由宽进严出向均衡管理转变。从中国资本账户管制进程上看，可以将中国资本管制政策划分为三个主要阶段：第一阶段是1996-2000年，1996年12月中国实现了经常项目下货币自由可兑换，同时资本账户下放松了对资本流入的管制，但是在资本流出方面，则实施严格的管理。如严格管理国内银行对外提供贷款的行为，禁止非银行金融机构对外进行放款活动，国内居民不得在境外设置个人外汇账户等。东南亚金融危机的爆发，中国放缓了资本账户开放的进程，为了保持人民币汇率稳定，中国更加严格地限制资本流出，如居民证券投资项下禁止购汇用于境外股权和债权投资；禁止购汇进行外币股票和债券的回购；资本项下的外汇流动得到了有效控制。第二阶段是2000-2014年，中国资本项目开放的步伐逐渐加快，由推动资本流入向推动资本流出转变。2002年推出了合格境外机构投资者制度（QFII），允许境外投资者投资于中国资本市场；随后又相继推出了放宽银行、证券、保险等金融机构以自有资本或代客从事境外证券投资的政策，其目的都是为了鼓励资本的流入。2005年人民币开始进入升值通道，大量资本的流入影响了货币政策实施的效果，此时资本账户管理的政策转向鼓励资本的流出及预防投机资本的流入。此阶段推出了合格境内机构投资者（QDII）方式投资境外金融产品来鼓励资本流出，同时采用藏汇于民的手段，明确境内个人年度购汇总额由以前的2万美元大幅提高到5万美元。在2008年国际金融危机爆发之后，中国借助其他发达国家经济放缓、资产价格下降的机会，大力推动中国企业“走出去”，增大对外直接投资的规模，同时借此机会努力推动人民币国际化，资本账户开放的进度大大加快。第三阶段则是2014年至今。2014年6月人民币开始进入贬值通道，2015年8月11日的汇率改革更是强化了投资者对人民币的贬值预期，资本不断外流。为了阻止这一趋势，国家相继出台鼓励资本流入，限制资本流出的政策。如2016年2月，中国人民银行宣布进一步放开境外机构投资者投资银行间债券市场。5月末，中国人民银行继续发文，取消投资额度限制，简化管理流程。同时收紧对资本流出的管制，如原来组合投资或海外并购等直接投资海外支付的批报额度是5000万，现在改为500万。个人购汇5个以上不同个人同日、隔日或连续多日分别购汇，购汇总金额超过等值20万美元，并将外汇汇给境外同一个人或机构将会接受银行监管与筛查；同时，被纳入结售汇“关注名单”的个人，自纳入名单之日起的当年及之后两年内，均不能通过电子银行渠道办理结汇和购汇业务。

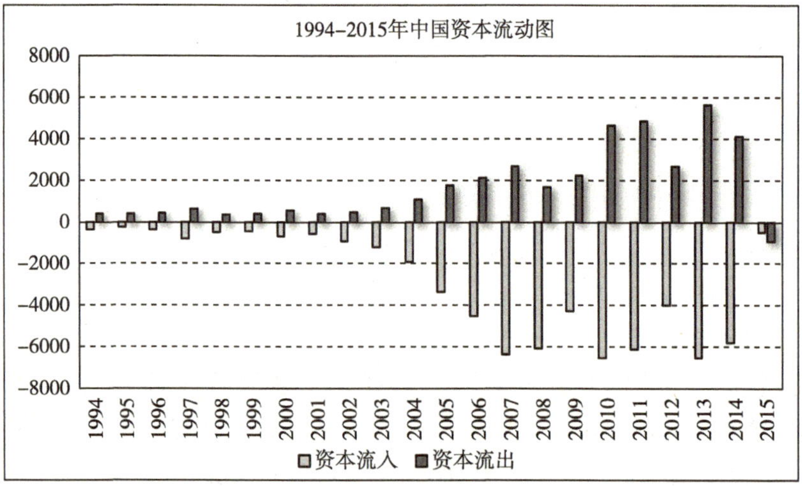

图8-2　1994-2015年中国资本流动图

数据来源：国家外汇管理局。

从中国资本管制的效果来看，1994-2004年中国资本流入流出的规模较小。2005年以后中国资本流动规模开始不断增大，且流出规模小于流入规模，特别是2008年达到最高峰，资本流入达到6086亿美元，资本流出1661亿美元。2009年国家藏汇于民，鼓励资本流出的政策开始出现效果，2013年资本流出的规模达到 5633 亿美元，较 2008 年增加了 2. 39 倍。中国资本流动规模的变化是中国资本账户逐渐放开的结果。

8. 2. 3　受到汇率波动影响的货币政策

一国货币政策是否具有独立性，往往以本国利率、货币供给量是否可以作为本国货币当局反周期工具自主调整，而不是被动地随国外利率、货币供给量的变动而变动来作为判断标准。而货币政策是否受到干预，则又与该国的汇率制度紧密相关。这又回到三元悖论的内容，在其假设下，一国货币当局采取的汇率制度越灵活越有弹性，资本账户开放度越高，该国的货币政策就越可能获得更大的独立性。建立健全以市场供求为基础的、有管理的浮动汇率体制，并不断增加人民币浮动的弹性，这是符合中国自身经济发展的汇率选择，也是人民币汇率形成机制改革的最终目标。这种有管理的浮动汇率制度是介于固定汇率和自由浮动汇率之间的中间汇率制度。同时在这样的汇率机制下配合不断调整的资本管制，导致中国积累了大量的外汇储备，这种中间汇率制度和外汇储备的积累，从一定程度上影响中国货币政策的独立性。

一方面，在有管理的浮动汇率制度下，对汇率的干预可能导致中国货币政策受到影响。在 1994-1997 年初，中国实行紧缩的货币政策，存款利率高于美国。东南亚金融危机时期，中国实行宽松的货币政策，利率低于美国。到了 2001 年 9 月，中国的存款利率高于美国的存款利率，同时伴随着世贸协定作用的发挥，中国经常项目开始积累大量外汇，人民币存在升值压力。中国人民银行开始在银行间外汇市场上进行干预，买入外汇，同时投放出基础货币，这导致了经济过热，中国人民银行需要实行紧缩的货币政策来抑制这一现象。但此阶段中国对资本流入管理不断放开，人民币的升值预期和利率因素导致资本账户下外汇的流入，这进一步增加了中国货币政策调控的压力。中国出现了货币供给增加伴随着利率升高的现象，这违背了中央银行提高利率收紧银根，抑制经济过热的货币政策目标，中国的货币政策受到干扰。

另一方面，外汇储备的增长带来基础货币的被动投放，进而造成货币供给量的被动变动。中国自 2003 年之后出现的巨额贸易盈余连同大量外国直接投资的流入，导致了中国的国际收支出现了长达 11 年的“双顺差”，其结果是中国积累了巨额的外汇储备，最高时达到 4 万亿，为全球之首。外汇储备的变动是一国货币供应量变动的重要渠道，对外贸易差额和国际资本流动会通过影响外汇储备进而影响到货币供应量，同时一国外汇储备的微小变动会通过乘数效应，导致一国货币供应量出现成倍的放大作用。尽管货币政策工具短期可以通过冲销等手段控制货币量，但是如果顺差积累过大，长期无法阻止通胀。部分研究者的研究证明，国际储备积累引起的货币增发会导致实物和资产价格上涨，降低货币政策独立性（裘俊峰，2015，方先明等，2006，曲强等，2009）。

可以看到，中国的货币政策因为对汇率的调整和外汇储备的增加而受到影响。但是，只要一国货币当局的冲销手段足够有效，且冲销的成本可以承受，货币当局就依然掌握着货币政策自主权。外汇冲销干预的目的是为了维系汇率基本稳定，同时实现本国货币供给、货币政策的目标，解决内外均衡的冲突，保证国内货币政策的独立性。只有当所有冲销手段都已用尽，仍然不能克服外部冲击的影响时，才发生货币政策自主权丧失。从 1994 年中国汇率政策、货币政策实施的过程来看，国际收支顺差、中央银行外汇干预、基础货币增加的过程贯穿始终，中央银行实施了发行央行票据、提高存款准备金为主的冲销手段。从中国的实践来看，中国的冲销手段起到了抑制通胀、促进经济增长的效果，实现了一定的独立性（孙华好、马跃，2015，范从来，2009）。

8.2.4 新形势下的中国三元悖论难题

如果说 2014 年之前中国还在思考解决巨额外汇储备和人民币升值的问题，这一情况在 2014 年 11 月发生了逆转。2012 年中国结束了持续 13 年的双顺差局面，资本金融账户出现了逆差，中国资本流出的速度加快，中国外汇储备已经由顶峰时期的 4 万亿美元下降至 2016 年 12 月的 3 万亿美元。同时资本的流出增加了投资者对人民币贬值的预期，央行为了维持汇率的稳定，在外汇市场上进行干预，买入人民币卖出美元，这又对国内宽松的货币政策的实施形成了干扰。

导致中国出现人民币贬值预期的基本面原因，既有来自国内经济下行的内部冲击，也有来自国际美元走强的外部冲击。2014 年中国 GDP 同比增速为 7.4%，未完成全年 7.5%的任务。同时 2014 年的 GDP 增速创下 1990 年（当年 GDP 增速为 3.8%）以来的新低。经济的减速影响了投资者的信心，离岸人民币和在岸人民币汇率的价差不断扩大。2015 年中的 A 股异动，关于中国经济硬着陆的舆论不绝于耳，这进一步增加了投资者的疑虑。国际上，美国开始推行强势美元政策，两次美联储加息以及加息之前的预期变化都导致了美元汇率走强。2015 年 8

月“新汇改”导致人民币兑美元汇率由8月10日的6.12贬值到8月27日的6.41，贬值幅度为4.7%。市场的波动被解读为随着美元加息，人民币进入了贬值通道。此后截至2016年12月30日，人民币已累计贬值13%。

人民币贬值预期降低了未来投资收益，中国资本账户的放开加速了资本外流的速度。2012年金融账户结束了长达13年的顺差，第一次出现了360亿美元逆差的局面。2013年暂时恢复金融账户顺差局面，但2014年再次出现513亿美元的金融账户逆差，2015年逆差迅速增至4856亿美元。2015年逆差的增大主要来自证券投资和其他投资的资本流出，证券投资贡献了13.6%的金融账户逆差，逆差达到664亿美元；其他投资是金融账户下资本流出的主要渠道，企业财务安排导致境外贷款和贸易信贷显著收缩。其他投资贡献98.6%的金融账户逆差，逆差达到4791亿美元。短期资本的大量流出源于2014年6月12日中国资本市场开始持续下跌，引发此次股灾的原因是证监会限定了清理配资的最后期限，导致股市里的投机资本外逃。其次，美联储的加息以及2014年下半年以来中国人民银行六次降息，导致境内外债券收益率缩窄。最后，在人民币回流机制并未完全建立、中央银行对外汇市场存在一定程度干预的情况下，在岸和离岸人民币市场汇率不时出现背离，为套利活动构建了空间。这三种因素造成了投机资本迅速外逃，进一步增加了投资者对人民币贬值的预期。

对于金融衍生品种类较少，金融市场不发达的中国来说，汇率不稳定会影响中国金融市场，进而冲击实体经济。中国虽然增大了人民币汇率的波动弹性，为保持国内经济的稳定增长，必须保持汇率的稳定。2015年8月11日中国实行外汇改革以来，中国为了维持汇率的稳定，付出了高昂的代价。据巴克莱银行的估计，中国央行2015年7月抛售了500亿美元，8月加大外汇干预，抛售了约1220亿美元的美国国债。2016年全年，中国外汇储备下降约3198.44亿美元。总体来看，2016年外汇储备下降最主要的原因是央行为稳定人民币汇率进行的外汇市场投放。① 汇率的维稳政策损害了货币政策的独立性。中国下行的经济形势要求宽松的货币政策，中国人民银行不断调低利率，想以此刺激有效需求的增加。但是央行为了抑制人民币贬值，在外汇市场买入人民币，卖出美元，这种干预导致基础货币的收缩和利率的上升。央行要维持货币政策的独立性，同时维持汇率的稳定和进一步开放资本账户，这就是典型的

① 21世纪经济报．2016年外汇储备降超3000亿美元 央行干预是主因．［EB/OL］．（2017-1-7）［2017-1-7］http：//finance.sina.com.cn/roll/2017-01-07/doc-ifxzkfuh5950430.shtml

“三元悖论”难题。

同时，人民币国际化增加了中国解决“三元悖论”困境的难度。中国正努力推广人民币在海外贸易中的使用，并在2016年10月1日成功加入SDR货币篮子，获得国际货币基金组织（IMF）的储备货币地位。中国想进一步推进人民币国际化，就必须继续开放资本项目，但是不可否认，人民币贬值仍在持续，如果不对资本项目进行管制，外逃的资本将导致人民币汇率继续贬值。中国人民银行面临着“支撑人民币”还是“允许资金外流”的双重困境，国外投资者及媒体不时有看空中国的声音发出，中国宏观形势进入了扑朔迷离的状态。

8.3 德国经验对中国的启示

德国的历史为中国优化政策组合选择提供了宝贵的经验。尽管中国目前的经济形势已经发生变化，巨额外汇储备的负担变成外汇储备迅速缩水的担忧，人民币升值压力也转变成如何抑制人民币快速贬值。但中国仍然处于三元悖论的中间状态，中国面临的仍然是协调汇率制度安排、资本开放程度和货币政策独立性之间的关系的难题。如何在三元悖论中间状态的政策组合下，降低被动式外汇干预对实现国内政策目标的干扰，保持货币政策的有效性，对此中国尚处于摸索阶段。总结德国的历史经验可以对改革中的中国有以下几点启示：

8.3.1 理论启示

8.3.1.1 三元悖论是一个动态选择的过程

三元悖论的理论假设是汇率完全自由浮动，资本完全自由流动和货币政策绝对独立的理想状态。现实中完全符合该假设的经济体几乎不存在。但介于三元悖论中间状态组合的国家却为数众多。更有甚者，学术界关于三元悖论角点状态的界定还存在不同的标准。如根据计算可以得出德国在1973年实行了自由浮动的汇率制度，但EMS的联合干预机制和1985、1987年德国对美元的干预都不符合自由浮动的定义。德国在1957年就实现了资本账户的可兑换，但是实际上德国直到20世纪90年代还对外汇存款有强制规定。因此，现实中很难找到完全符合三元悖论中政策目标要求的国家。

另外，三元悖论阐述的是资本流动、汇率制度和货币政策选择的问题，解释的是角点状态的一种逻辑关系，关于中间状态的组合效果如何，三元悖论并没有给出解释。因此现实中就有各种中间状态组合的可能，也有各种政策组合效果的可能。可以看到，随着一国经济的发展，角点组合可能是政策选择的终点。如根据我们的测算，德国 1950-1973 年还处于固定汇率制度，资本账户并没有完全放开，货币政策也不独立的状态；但 1974-1990 年德国的资本账户几乎完全放开，汇率制度也更加富有弹性和自由；1991-1998 年德国已经进入独立货币政策、开放的资本账户和浮动汇率制度的角点解状态。三元悖论是一个动态变化的过程，从中间状态过渡到哪种角点组合与该经济体的经济规模、国际经济环境有很大关系。对德国而言，外部国际金融环境的变化，汇率制度由布雷顿森林体系向后布雷顿森林体系过渡，促使德国选择了浮动汇率制度。但同时也要看到，经济实力的迅速增强也使德国有动力参与全球资源的分配，德国必然选择开放的资本账户。同时德国中央银行一贯稳定的作风也使德国的货币政策在开放的经济环境中发挥了良好的效果。作为全球出口规模第一，GDP 总量占全球第二的新兴经济体的中国，也同样有参与全球经济运行的愿望，且有致力于将人民币变成国际货币的决心，中国必然选择与世界接轨，资本账户开放是必由之路。同时作为一个大国，中国的经济周期通常与世界其他主要经济体不一致，因此必须保持货币政策独立性。可以预见，中国将来发展的方向将是和德国同样的浮动汇率制度、开放的资本账户和独立的货币政策的组合。但达到这个状态，还需要一定时间，在这样动态变化的过程中，外部环境的变化、国内经济条件的变化都需要我们及时调整方向。2014 年开始的资本外逃，中国放缓了资本开放的进程，先是于 2016 年 12 月 30 日规定自 2017 年 7 月 1 日起，对跨境超过 20 万元人民币的交易，银行需要上报给央行；随后 2016 年 12 月 31 日夜间对银行下发文件，从 2017 年 1 月 1 日起，个人购汇申报需要细化到用途和时间，禁止在境外用于投资。有人解读这是中国加强资本管制的信号。但这并不表明中国要改变资本账户开放的方向，在向着角点状态发展的过程中，政策的方向绝非一成不变，德国的经验表明，相机抉择的政策调整并不改变战略性发展的方向。

8.3.1.2　政策的选择应该以有效作为依据

货币政策独立性作为三元悖论的一极成为一国经济体评价货币政策的标准。德国的历史表明，德国中央银行在治理通胀方面非常成功，有学者认为这是因为德国货币政策独立的成果。但是 1974-1990 年德国的经验表明，在货币政策表现出不充分独立性的时期，德国的货币政策有效地起到了刺激产出和抑制物价的效果。因此单纯以货币政策是否独立作为政策选择的标准，会导致决策上的失误。货币政策的独立性并非其有效性的先决前提，中间状态下的政策选择同样有可能实现经济的良好运行。因此，货币政策方向的选择应该以能否有效调节经济，是否能实现经济长期稳定增长为标准，而不必严格拘泥于三元悖论所说的绝对意义上的政策目标。

目前中国正处于实行相对独立的货币政策、对外逐步放开金融市场并维持相对稳定的汇率体制的中间状态，而且将来我们会进一步放开人民币汇率的浮动空间。政策选择的依据应该是以一国经济长期稳定发展为标准。应该在政策选择上采取灵活的态度，以货币政策的有效性为目标，不能单纯为了追求所谓货币政策独立性而放开对汇率波动的管控。

8.3.1.3 汇率浮动能缓解国际收支不平衡问题

德国在 1981-1990 年间积累了巨额的经常项目顺差，特别是 1989 年经常项目顺差达到历年的最大值，为 54.8 亿美元，但是当年的储备资产只增加了 2.8 亿美元。德国巨额的经常项目顺差并没有导致国际收支的严重失衡，这也大大减轻了德国马克的升值压力。经过检验可以看到，汇率因素在德国资本的流出中成为主导因素，另外，德国的存款制度的限制也迫使外国资本流出。短期国际资本的流出减轻了国际收支失衡的压力。

中国经历近 20 年的双顺差，只是在 2012 年才出现了资本金融项目逆差，主要发生在其他投资项下。2012 年、2014 年中国央行两次扩大人民币汇率波动幅度，2015 年人民币汇率改革调整中间价，都增加了人民币汇率浮动的弹性。同时中国“藏汇于民”和鼓励企业“走出去”的政策鼓励，导致中国资本迅速流出，可以看到，汇率弹性的增大和资本管制策略的转变确实改变了中国国际收支失衡的局面。中国正从经常项目和资本项目“双顺差”的旧常态进入“经常项目顺差、资本项目逆差”的新常态。这本来是一种实现国际收支平衡的合理结构。但是 2015 年中国资本外流规模过大，金融账户出现了 4856 亿美元的逆差，外汇储备自 1994 年来第一次大幅减少，金额为 3423 亿美元，2016 年伴随着资本外流，外汇储备持续减少，已由最高峰时期的 4 万亿美元减少到目前的 3 万亿美元。中国目前又面临外汇储备不断减少，资本大量外套的恐慌。结合德国的经验，即使是在德国资本账户开放的状态下，德国为了迫使资本流出，对外汇现金管理严格，禁止商业银行存入外国货币超过一定期限。面对目前资本大量外流的局面，中国有必要实施较为严格的资本管制措施。但是中国资本账户开放的方向并不因为暂时的调整发生变化。

8.3.2　操作启示

8.3.2.1　人民币的国际化应加强东亚地区货币合作，稳定人民币汇率

近年来，人民币在国际交易和结算方面的应用有了长足的进步。随着人民币在 2015 年年底成功“入篮”，未来人民币国际化的进程必然呈现加速的趋势，人民币在周边国家及离岸市场的需求将会扩大。但这是基于人民币币值稳定、保值、方便流通的特点。作为一种国际货币，需要同时满足交易需求和投机需求。但近期人民币贬值的趋势导致资本大量外流，如何保持人民币的稳定，从而顺利推动国际化进程，可以借鉴德国的成功经验。

德国马克在 20 世纪 80 年代和日本面临同样的升值压力，但是德国因为欧洲货币同盟的联动机制，分散了本币的升值压力，从而减少了对国内经济政策的干扰，保证了币值的稳定，为德国马克在欧洲货币单位中发挥主要作用奠定了基础。虽然目前人民币出现下行的问题，但是德国马克保持币值稳定的经验，可为推进人民币国际化提供思路。

首先应加强东亚区域内货币合作。目前人民币在周边特别是东亚范围内使用较为广泛，在东亚某些国家或地区外汇交易中的作用已经赶上甚至超过美元。中国与东亚国家或地区的货币利益结合的越紧密，中国在与美国等域外经济体的谈判中就拥有更大的话语权。因此，中国应在《清迈倡议》多边化的基础上，进一步推进东亚区域内货币合作向更高层次货币合作发展。

其次，应推进东亚汇率合作机制建设。目前东亚各经济体之间的政策对话与协调主要以双边合作和非机制化的合作为主。即便双方达成共识，但这种共识对双方没有任何法律效力。缺乏强有力约束的松散合作无助于东亚汇率合作水平的提升。其中，最关键的是实现人民币与日元的汇率协调。一旦这两种主要货币之间实现了汇率协调，其他东亚货币必然会跟进，由此在东亚区域才能形成相对稳定的汇率联动机制。

最后，可考虑推进亚洲货币单位的创设。德国经验表明，EMS 的汇率体系在保证德国汇率稳定中起到巨大作用。EMS 汇率机制的建立首先需要一个“锚货币”来作为成员国汇率调整的标准。中国与其他亚洲国家的汇率合作也要求确定

主权货币为锚货币，或创立新的“亚洲货币单位”。一旦创设亚洲货币单位，人民币有望在其钉住的货币篮子中扮演主要角色。

8.3.2.2 运用多样化冲销工具，保证货币政策独立性

德国中央银行在外汇储备增加和汇率干预时期能有效地调控经济，稳定的控制了通货膨胀，这其中有效的冲销功不可没。德国中央银行将回购协议作为公开市场操作的主要工具，回购协议利率成为货币市场的主导利率，央行通过公开市场上的回购协议买卖，不仅可以直接回笼基础货币量，还可以通过利率效应间接影响货币供给。另外，德国中央银行的冲销也是一个相机抉择的行为，在外汇占款增加而德国央行没有冲销的年份里，回购协议交易成为德国央行灵活调整流动性的工具，在德国央行控制货币稳定和刺激经济发展中起到了重要作用。

从德国的成功经验来看，德国中央银行冲销政策有效的原因有以下几点：一是国际收支不平衡的程度较低。中国通过增加汇率弹性和加大资本开放力度，目前国际收支失衡的问题已经大大减轻。二是德国央行以回购协议作为公开市场操作的主要工具，不仅可以直接回笼基础货币，还可以通过利率效应间接影响货币市场。中国想大规模地在公开市场上使用回购协议交易，需要进一步建设中国的债券市场。三是德国利率市场自由化使得回购协议利率成为市场主导利率，并能发挥影响货币乘数的功能。2015 年 10 月 23 日，中国放开了活期存款和一年以内（含一年）定期存款利率上限，存款利率上限全部放开，中国利率市场化已经取得了一定进展，但是真正发挥市场配置作用还需要一定时间。2014 年 9 月，中国人民银行创设了中期借贷便利（MLF）、常备借贷便利（SLF）和抵押补充贷款（PSL）等工具对市场流动性进行调节，这为中国利率市场化提供了发展的条件。

参考文献

[1] Agenor, Pierre - Richard, C. J. McDermott and E. Murat Ucer. Fiscal imbalances, capital inflows, and the real exchange rate: The case of Turkey [R]. IMF Working Paper, 1997, WP/97/1.

[2] Alejandro Lopez-Mejia. Large Capital Flows: A Survey of the Causes, Consequences, and Policy Responses [R]. IMF Working Paper, 1999, No. 99/17.

[3] Artis, Michael J & Taylor, Mark P. Exchange Rates and the EMS: Assessing the Track Record [R]. CEPR Discussion Papers 250, 1998.

[4] BrissimisS. , Gibson, H. and Tsakalotos, E. A. Unifying Framework for Analyzing Offsetting Capital Flows and Sterilization: Germany and the ERM [J]. International Journal of Finance and Economics. 2002, 7: 63-78.

[5] Calvo G, Leidemran L, Reinhart CM. Capital Inflows and Real Exchange Rate Appreciation in Latin America: The Roles of External Afctors [R]. IMF Staff Papers, 1993.

[6] Carl E. Walsh. Monetary Theory and Policy [M]. Cambridge: MIT Press, 1998.

[7] Clarida R. , J. Gali, M. Gertler. Monetary policy and Macroeconomic Stability: Evidence and some Theory [J]. Quarterly Journal of Economics, 2000, 115 (1): 147-180.

[8] Carmen M. Reinhart & Kenneth S. Rogoff. The Modern History of Exchange Rate Arrangements: A Reinterpretation [R]. NBER Working Papers 8963, National Bureau of Economic Research, Inc. 2002.

[9] Cline, William. Discussion (of Chapter 3) [A] //Donald Lessard and John Williamson. Capital Flight and Third World Debt [C]. Washington D. C: Institute for International Economics, 1987.

[10] Chinn, M. , Ito, H. , A new measure of financial openness. [J]. Journal of Comparative Policy Analysis, 2008, 10, 309-322.

[11] C. Randall Henning. Currencies and Politics in the United States, Germany, and Japan [C]. Peterson Institute Press: All Books, Peterson Institute for International Economics, 1994,

Number 15, (January) .

[12] Chuhan P, Claessens, Mamingi N. Equiyt and Bond Flows to Asia and Latin America: the Role of Global and Country Factors [R]. World Bank Working Paper, Washington D. C: 1993, 1160.

[13] Dennis P. Quinn, Carla Inclan. The Origins of Financial Openness: A Study of Current and Capital Account Liberalization [EB/OL]. (July, 1997) [2013-12-19] http: //www. stanford. edu/class/polisci243c/readings/v0002015. pdf.

[14] Dennis P. Quinn. The Correlates of Change in International Financial Regulation [J]. American Political Science Review, 1997, 91 (3): 531-551.

[15] Dudler, Hermann-Josef. Monetary Policy and Exchange Market Management in Germany [R]. In Exchange Market Intervention and Monetary Policy, Basle: Bank for International settlement, 1988: 65-96.

[16] Eduardo Fernandez-Arias. The new wave of private capital inflows: Push or pull? [J]. Journal of Development Economics, 1996, Volume 48, Issue 2: 389-418.

[17] Edwards, S. and Khan, M. Interest Rate Determination in Developing Countries: A Conceptual Framework [R]. IMF Staff Papers, 1985, 32 (3): 377-403.

[18] European Commission Documents Relating to the European Monetary System [C]. European Economy (July), 1982.

[19] Feldstein, M. and Horioka, C. Domestic Saving and International Capital Flows [J]. Economic Journal, 1980, 90 (358): 314-329. [20] Feldstein, M. and Horioka, C. Domestic Saving and International Capital Flows [J]. Economic Journal, 1980, 90 (358): 314 -329.

[21] Fischer, S. , . Exchange Rate Regimes: Is the Bipolar View Correct? [R]. Delivered at the Meetings of the American Economic Association, New Orleans, January 6, 2001, P. 15.

[22] Fleming, J. Marcus. Domestic Financial Policies under Fixed and under Floating Exchange Rates [R]. Staff Papers, International Monetary Fund (Washington), 9, 1962: 369-379.

[23] Frankel, J. A. No Single Currency Regime is Right for All Countries or At All Times [J]. NBER Working Paper No. 7338. 1999.

[24] Frankel, Jeffrey A. , Sergio L. Schmukler, and Luis Servén. Global Transmission of Interest Rates: Monetary Independence and Currency Regime. WorkingPaper Series no. 8828, National Bureauof Economic Research (March) . Journal of International Money and Finance, 2004. 23, 1~ 331.

[25] Frankel, Jeffrey A. , Sergio L. Schmukler, and Luis Servén. Global Transmission of Interest Rates: Monetary Independence and Currency Regime [EB/OL] (March 2004) [2013-10-

11] http://www.nber.org/papers/w8828.pdf.

[26] Friedman M., and D. Meiselman. the relative stability of monetary velocity and the investment multiplier in the United States: 1897-1958 [C]. in Stabilization Policies, Englewood Cliffs: Prentic Hall, 1963: 165-268.

[27] Gaiotti, E., P. Giucca and S. Micossi. Cooperation in Managing the Dollar (1985-1987): Interventions in Foreign Exchange Markets and Interest Rates [R]. Discussion paper No. 119, Rome, Banca d' Italia, June 1989.

[28] Ghosh A. R., Gulde A. M., Ostry, J., and Wolf, H. C. Does the nominal exchange rate regime Matter? [R]. NBER Working Paper No. 5874, 1997.

[29] Ghosh A. R.; Gulde A. M.; and Wolf H. C. Exchange Rate Regimes: Classification and Consequences. In A. Ghosh, A. Gulde, and H. Wolf (eds.), Exchange Rate Regimes, Choices and Consequences. MIT Press, 2002.

[30] Guillermo A. Calvo; Leonardo Leiderman; Carmen M. Reinhart. Inflows of Capital to Developing Countries in the 1990s [J]. Journal of Economic Perspectives, 1996, Vol. 10, No. 2: 123- 139.

[31] Hsiao, Frank S. T. and Hsiao, Mei2Chu W. Capital Flows and Exchange Rates: Recent Korean and Taiwanese Experience and Challenges [J]. Journal of Asian Economics, 2001, Vol. 12, No13: 1353 - 1381.

[32] Hutchison, M., R. Sengupta, and N. Singh. India' s Trilemma: Financial Liberalization, Exchange Rates and Monetary Policy [R]. 2010. MPRA Working Paper.

[33] IMF. Capital account developments in Japan and the Federal Republic of Germany: institutional influences and structural changes [M] //IMF. World Economic Outlook [C]. Washington, D. C: International Monetary Fund, 1989, April. note5: 84-89.

[34] Jansen J. Inside the Impossible Triangle: Monetary Policy Autonomy in a Credible Target Zone [J]. Contemporary Economic Policy, 2008, Vol. 26. No. 2, April, 216-228.

[35] James Edward Meade. The Theory of International Economic Policy Vol. I -- The Balance of Payments [M]. London. Oxford University. press. 1951.

[36] Johnston, R. B. and Tamirisa, N. T. Why Do Countries Use Capital Controls? [R]. IMF Working Paper 98/181, 1998.

[37] Kraay, Aart. In Search of the Macroeconomic Effects of Capital Account Liberalization [EB/OL]. (October 1998) [2013-11-12] https://ciber.fuqua.duke.edu/~charvey/Spur/Kraay_ In_ search_ of.pdf.

[38] Karras, Georgios. Openness and the effects of monetary policy [J]. Journal of International Money and Finance, Elsevier, 1999, vol. 18 (1): 13-26.

[39] Kim Keuk-Soo, W. Douglas McMillin. Estimating the Effects of Monetary Policy Shocks: Does Lag Structure Matter? [J]. Applied Economics, 2003, vol. 35: 1515-1526.

[40] Lane, Philip, and Gian Maria Milesi- Ferrett. The External Wealth of Nations: Measures of Foreign Assets and Liabilities for Industrial and Developing Nations [J]. Journal of International Economics, 2001, Vol. 55, No. 2, pp. 163- 94.

[41] Leonardo Hernandez, Pamela Mellado, and Rodrigo Valdes. Determinants of Private Capital Flows in the 1970s and 1990s: Is There Evidence of Contagion? [R]. IMF Working Paper. 2001, WP/01/64.

[42] Leslie Lipschitz. The Federal Republic of Germany: adjustment in a surplus country [C]. Washington, D. C: International Monetary Fund, . January, 1989.

[43] Leslie Lipschitz, Timothy Lane and Alex Mourmouras. Capital Flows to Transition Economics: Master or Servant? [R]. IMF Working Paper, 2002, WP/02/11.

[44] Levy-Yeyati E. , Sturzenegger F. A de facto Classification of Exchange Rate Regimes: A Methodological Note [J]. American Economic Review, Volume 93 (4), 2003: 1173-1193.

[45] Levy-Yeyati E. , Sturzenegger F. Classifying Exchange Rate Regimes: Deeds versus Words [J]. European Economic Review, Volume 49, 2005: 1603-1635.

[46] Marcelo Dabos and V. Hugo Juan-Ramon. Real Exchange Rate Response to Capital Flows in Mexico - An Empirical Analysis [R]. IMF Working Paper, 2000, WP/00/108.

[47] Masson, P. , . Exchange rate Regime Transitions [R]. IMF Working Paper No. 134. 2000.

[48] Mastropasqua C, Micossi S, Rinaldi R. Interventions, sterilization and monetary policy in European monetary system countries, 1979-87 [A]. Giavazzi F. , Micossi S. , Miller M. In The European Monetary System [C]. Cambridge: Cambridge University Press, 1988.

[49] Michaelson, Laurie. Hot Money Flow in China: A Look at the Rapport Between International Capital Flows and the Business Cycle [C]. The Conference Board China Center, August 9, 2010.

[50] Miniane, J. A New set of Measure on Capital Account Restrictions [J]. IMF Staff Papers, 2004, 51 (2): 276~308.

[51] Modigliani. F. , andAndo. A. , . Impacts of fiscal actions on aggregate income and the monetarist controversy: theory and evidence [A]. Monetarism [C]. Amsterdam: North-Holland Publishing Company, 1976: 17-42.

[52] Mohsin S. Khan. Inflation and International Reserves: A Time Series Analysis [R]. IMF Staff Papers. 1979, Vol, 26.

[53] Morgan Guaranty Trust Company. LDC Capital Flight [J]. World Financial Markets, 1986: 13-15.

[54] Mundell, R. capital Mobility and Stabilization Policy under Fixed and Flexible Exchange Rates [J]. Canadian Journal of Economics and Political Science, 1963, XXIX (4): 475-484.

[55] Neumann MJM. Intervention in the mark/dollar market: the authorities' reaction function [J]. Journal of International Money and Finance. 1984, 3: 223-239.

[56] Obstfeld M. Exchange rates, inflation and the sterilization problem: Germany 1975-81 [J]. European Economic Review. 1989, 21: 161-189.

[57] Obstfeld, Maurice, Jay C. Shambaugh, and Alan M. Taylor. The Trilemma in History: Tradeoffs among Exchange Rates, Monetary Policies, and Capital Mobility [J]. Review of Economics and Statistics. 2005, 87 (August): 423-38.

[58] Ogawa E. and Shimizu J., A Deviation Measurement for Coordinated Exchange Rate Policies in East Asia [R]. RIETI Discussion Paper Series, 2005, 05- E- 017.

[59] Paul Krugma. O Canada Aneglected nation gets its Nobel [EB/OL]. (January 1999) [2012-1-13] http: //www. pkarchive. org/global/canada. html.

[60] Philip tuner. Capital flows in the 1980s: a survey of major trends [M]. Basle: Bank for International Settlements, Monetary and Economic Dept. 1991.

[61] Reisen, H. and Yèches, H. Time-Varying Estimates on the Openness of the Capital Account in Korea and Taiwan [J]. Journal of Development Economics, 1993, 41 (2): 285-305.

[62] Renu kohli. Capital Flows and Their Macroeconomic Effects in India [R], IMF Working Papers, 2001, WP/01/192.

[63] Rey, Helene, 2013. " Dilemma not trilemma: the global cycle and monetary policy independence," Proceedings - Economic Policy Symposium - Jackson Hole, Federal Reserve Bank of Kansas City, pages 1-2.

[64] Rose, Andrew K. Explaining Exchange Rate Volatility: An Empirical Analysis of 'The Holy Trinity' of Monetary Independence, Fixed Exchange Rates, and Capital Mobility [J]. Journal of International Money and Finance. 1994, 15 (6): 925-45.

[65] Shambaugh, Jay C. The Effects of Fixed Exchange Rates on Monetary Policy [J]. Quarterly Journal of Economics, 2004, 119 (February): 301-52.

[66] Sims. C. A.,. Money, Income and Causality [J]. American Economic Review, 1972, 62 (4), Sep: 540-542.

[67] Summers, L. International Financial Crises: Causes, Prevention, and Cures [J] American Economic Review: Papers and Proceedings, 2000, Vo l. 90, No. 2. pp. 1-16.

[68] Tommaso Padoa Schioppa. Policy Cooperation And The Ems Experience [A]. Willem H. Buiter and Richard C. Marston. International Economic Policy Coordination [C]. New York: Cambridge University Press, 1985: 331-365

[69] Ungerer, H., O. Evans and P. Nyberg. The European Monetary System: the Experience 1979-1982 [R]. IMF Occasional Papers, No, 19 (May), 1983.

[70] Ungerer, H., O. Evans, T. Mayer and P. Young. The European Monetary System: Recent Developments [R]. IMF Occasional Papers, No, 48 (December), 1987.

[71] Von Hagen J. Monetary targeting with exchange rate constraints: the Bundesbank in the 1980s [J]. Federal Reserve Bank of St Louis Review. 1989, 71: 53-69.

[72] von Hagen, Jurgen & Neumann, Manfred J M. Real Exchange Rates within and between Currency Areas: How Far Away Is EMU? [J]. The Review of Economics and Statistics, MIT Press, 1994, vol. 76 (2): 236-44.

[73] World Bank. World Development Report [R], Washington D. C., 1985.

[74] 陈学彬，余辰俊，孙婧芳．中国国际资本流入的影响因素实证分析 [J]. 国际金融研究，2007 (12): 53-60.

[75] 范从来，赵永清．中国货币政策的自主性：1996—2008 [J]. 金融研究，2009 (5): 22-33.

[76] 方先明，裴平，张谊浩．外汇储备增加的通货膨胀效应和货币冲销政策的有效性 [J]. 金融研究 2006 (7): 13-21.

[77] 何青，李凌波，杨晓光．最优汇率制度的数理分析 [EB/OL]. (2003-10) [2014-3-2] www. mscas. ac. cn/xunijingji/doc/10. doc.

[78] 何慧刚．中国外汇冲销干预和货币政策独立性研究 [J]，财经研究，2007 (11): 18-30.

[79] 胡再勇．三元悖论困扰下的中国资本流动和货币政策．[J] 当代财经，2011 (7): 50-59.

[80] 李成．三元悖论的非角点解与中国经济体系制度安排 [J]. 西安财经学院学报，2012 (3): 10-16.

[81] 李惠民．论欧洲货币体系汇率体制与经济发展的相互关系 [J]，西欧研究，1987，(6): 17-23.

[82] 李扬．外汇体制改革与中国的金融宏观调控 [J]. 国际金融评论，1997，z3: 38-43.

[83] 刘立达．中国国际资本流入的影响因素分析 [J]. 金融研究，2007 (3): 62-70.

[84] 刘兴华．人民币汇率制度的选择：基于三元悖论视角的理论分析 [J]. 财贸研究，2003 (2): 36-40.

[85] 罗纳德·I·麦金农 [美]，大野健一 [日]. 美元与日元：化解美日两国的经济冲突 [M]. 王信译．上海：上海远东出版社，1999.

[86] 孙华妤．传统钉住汇率制度下中国货币政策自主性和有效性：1998-2005. [J]. 世界经济，2007，(1): 29-38.

[87] 孙华妤．不可能三角不能作为中国汇率制度选择的依据［J］．国际金融研究，2004（8）：11-16.
[88] 沈国兵．论“中间空洞化”汇率制度假说［J］．经济问题，2001（11）：24-26.
[89] 石建勋，全淑琴，钟建飞．人民币成为区域主导货币的实证研究——基于汇率视角的考察［J］．财经问题研究，2011（1）：58-67.
[90] 王世华，何帆．中国的短期国际资本流动：现状、流动途径和影响因素［J］．世界经济，2007（7）：12-19.
[91] 王珍．中国外汇储备与物价波动的理论分析与实证分析［J］，统计研究．2005（7）：41-45.
[92] 魏曼，刘孝成．三元悖论框架下德国经济政策组合研究及启示——以 1971—1990 年为例［J］．金融理论与实践，2012（9）：101.
[93] 魏曼，刘骞文．1974-1990 年德国货币政策独立性及有效性检验［J］，北京工商大学学报（社会科学版），2013（1）：101-107.
[94] 谢平，张晓朴．货币政策与汇率政策的三次冲突：1994-2000 年中国的实证分析，［J］．国际经济评论，2002（3）：30-35.
[95] 杨艳林．中国的三元悖论政策目标组合选择及其影响［J］经济评论，2012（4）：120-127.
[96] 易纲，汤弦：汇率制度“角点解假设”的一个理论基础［J］．金融研究，2001（8）：5-17.
[97] 张斌，何帆．经济崛起中的汇率升值压力：日本与德国经验［J］，国际经济评论，2004（3）：32-36.
[98] 张谊浩，裴平，方先明．中国的短期国际资本流入及其动机——基于利率、汇率和价格的三重套利模型的实证研究［J］．国际金融研究，2007（9）：41-52.
[99] 朱孟楠，刘林．短期国际资本流动、汇率与资产价格：基于汇改后数据的实证研究［J］．财贸经济，2010（5）：5-14.
[100] 周晴．三元悖论原则：理论与实证研究［M］．北京：中国金融出版社，2008.
[101] 张燕生，贺力平．“不可能三角”再探讨——资本账户开放、国际收支平衡调整与人民币汇率改革相互匹配研究［M］．北京：中国商务出版社，2011.